Myths of Marketing
Banish the Misconceptions and
Become a Great Marketer

营销错觉

打破26个认知，成就高效营销

[英]格兰特·勒伯夫（Grant Leboff） 著
叶绿青　曾阳萍　译
周晓立　校

电子工业出版社
Publishing House of Electronics Industry
北京·BEIJING

Myths of Marketing © Grant Leboff, 2020.

This translation of Myths of Marketing is published by arrangement with Kogan Page.

本书中文简体字版授予电子工业出版社独家出版发行。未经书面许可，不得以任何方式抄袭、复制或节录本书中的任何内容。

版权贸易合同登记号 图字：01-2020-4763

图书在版编目（CIP）数据

营销错觉：打破 26 个认知，成就高效营销 /（英）格兰特·勒伯夫（Grant Leboff）著；叶绿青，曾阳萍译．— 北京：电子工业出版社，2024.1
书名原文：Myths of Marketing: Banish the Misconceptions and Become a Great Marketer
ISBN 978-7-121-46526-0

Ⅰ．①营… Ⅱ．①格… ②叶… ③曾… Ⅲ．①市场营销学－通俗读物 Ⅳ．① F713.50-49

中国国家版本馆 CIP 数据核字（2023）第 199879 号

责任编辑：张振宇
印　　刷：三河市君旺印务有限公司
装　　订：三河市君旺印务有限公司
出版发行：电子工业出版社
　　　　　北京市海淀区万寿路 173 信箱　　邮编：100036
开　　本：710×1000　1/16　印张：14.5　字数：232 千字
版　　次：2024 年 1 月第 1 版
印　　次：2024 年 1 月第 1 次印刷
定　　价：78.00 元

凡所购买电子工业出版社图书有缺损问题，请向购买书店调换。若书店售缺，请与本社发行部联系，联系及邮购电话：(010) 88254888，88258888。
质量投诉请发邮件至 zlts@phei.com.cn，盗版侵权举报请发邮件至 dbqq@phei.com.cn。
本书咨询联系方式：(010) 88254210，influence@phei.com.cn，微信号：yingxianglibook。

赞誉

今天，如果你想获得成功，你必须了解市场营销。然而，许多头顶营销头衔的人，其实并不懂市场营销。读读这本书，你就会学到打败竞争对手所需要的知识。

——全球知名的营销大师，AskDrayton.com 网站创始人，杜雷顿·勃德（Drayton Bird）

注意：阅读这本书可能会惹恼旁人，因为你每读几页之后，就会情不自禁地大喊"对啊！就是这样啊！"。这是一本人人必读之书，哪怕你只拿出 5% 的时间了解一下营销方面的知识，都会受益无穷。

——数字营销与客户体验咨询公司 Convince & Convert 创始人，《如何让你的产品被快速口口相传》一书的作者之一，杰伊·贝尔（Jay Baer）

格兰特·勒伯夫的这部新书，是在商海生存的一种工具。如今，市场营销正在以光速发展变化，决策者需要智慧的引领来适应这个时代。格兰特绝对是一个可靠的"智多星"。

——星巴克咖啡公司联合创始人，杰夫·西格（Zev Siegl）

假如格兰特·勒伯夫所举办的系列研讨会还有改进余地的话，那么这本书帮他做到了。《营销错觉》通过抽丝剥茧，帮助我们破除那些陈旧的营销观念，取而代之的是切实可行的想法和建议、引人入胜的例证和令人信服的原理的阐述。在当今世界，我们都是营销部门的一分子。这本书无论对营销人员或非营销人员来说，都值得一读。

——伦敦 ExCel 国际会展中心首席执行官，杰里米·里斯（Jeremy Rees）

格兰特·勒伯夫是一位营销传播大师，这点可以从《营销错觉》一书中得到充分的验证。无论你的工作经验或水平如何，这本书将成为你销售与营销书柜上一部宝贵的参考书。

——奥米特里亚（Ometria）营销技术平台首席营收官，皮特·克罗斯比（Pete Crosby）

"在这个瞬息万变的时代，我们很难对任何事物抱以坚定的信念，但是，格兰特·勒伯夫除外。他打破各种天花乱坠的炒作，为我们的企业提供切实可行的意见和方法——无论你是多么忙碌的经商之人，这本书你都应该读一读。书中每一章节都相对独立,对于那些希望挑战固有的思维模式、有信心去尝试新事物的人们而言,这是一本了不起的参考书。正像他一如既往所做的那样,格兰特殚精竭虑,把那些关于营销的玄虚观点转变为常识,再次为我们指点迷津。"

——商业活动组织者协会(AEO)首席执行官,克里斯·斯基特(Chris Skeith)

《营销错觉》是营销流言的终结者。格兰特通过令人愉快的叙述,巧妙地将精心钻研的实用点子传递给读者。

——Learn Amp 首席执行官,晚餐俱乐部创始人,邓肯·谢特尔(Duncan Cheatle)

《营销错觉》彻底颠覆了你对市场营销和当今商业成功要素的看法,发人深省,值得所有市场营销界和商界领袖一读!

——思爱普(SAP)欧洲、中东和非洲市场总监,保拉·温默尔(Paula Warmer)

这是一本营销人员和商业领袖的必读书籍。对这 26 个营销错觉的解惑会让你真正明白,如何做市场营销才能不被时代淘汰!

——伟事达(Vistage)国际(英国)有限公司总裁,杰夫·劳伦斯(Geoff Lawrence)

我们都听说过所谓"老派"或"新派"的理论。但在《营销错觉》一书中，商业奇才格兰特·勒伯夫让我们明白，以市场基础为导向的做法才是"正宗流派"。

——《小企业支持者秀》主持人，《顾客的年龄》和《第三要素》的作者，吉姆·布莱森盖姆（Jim Blasingame）

前言

从历史的角度来看,我们今天所处的位置可以从柏林墙倒塌的那一刻追溯起。在这之后,东欧市场开始开放贸易,再加上亚洲经济的持续增长,意味着商业开始成为一种真正的全球性事务。

高科技创新更是使全球贸易成为一种现实。数字技术的问世使越来越多的企业家只用一台电脑和一部手机就能创办起企业。由于市场壁垒如此之低,相比从前,现在有更多的公司在相互进行业务上的竞争。与此同时,技术革新使得消费者可以舒适地待在家中,上网购买来自世界各地的产品。这一切,引领我们走到今天的市场境况。

今天,所有企业和个人都可以有自己的媒体渠道,我们走到这一步,是历史上前所未有的事。今天,比以往更多的信息、交流和内容在竞相吸引着我们的注意力。

这意味着我们生活在一个充满机遇的时代。无论是创业还是获取来自世界各地的知识和信息,都从未变得如此简单。在历史上任何时候，任何个人或企业都没能如此轻松地借助某些工具进行如此大规模的传播和交流。

另外，对顾客的钱包和心智的竞争也从未如此激烈。企业在争相吸引我们的关注，而消费者对于在哪里消费几乎有无限的选择。

因此，市场营销就成为一门比以往任何时候都更具人气的学科。在全球各地，除了许多兢兢业业的专业营销人士，商业领袖、高管、企业主和个人都在尽最大可能利用他们所掌握的媒体渠道。为此，对营销的理解就成为其成功的先决条件。

越来越多的个人参与到市场营销的活动中来，这样的需求意味着市场营销变得有点像体育竞技活动那样。每个在屏幕前的观众都有自己的看法，他们相信自己的判断和那些在这项运动中工作多年的专业人士一样有效。

另外，数字技术的专业化发展，如网站建设、搜索引擎优化（SEO）、点击付费广告（PPC）和社交媒体广告等，也让更多的人笼统地称自己为"营销专家"；而在现实中，他们其实只是精通其中某一特定的营销策略罢了。

结果是，所有这一切导致了许多关于市场营销方面的错觉、不实和谎言的传播，它们都被认为是正确的并被奉为圭臬，而事实上，真相绝非如此。在这种情况下，我们需要找到真正的答案。例如：

● 数字技术如何真正影响营销传播的本质？

● 销售和市场营销的真正区别是什么？

● 为什么口碑营销不只是偶然的，而是一种真实的营销渠道？

《营销错觉》一书的写作目的，就是破除那些错误的认识，为当下一些最重要的问题提供理性的、经过调查得出的答案。

《营销错觉》将为你提供高效运作所需要的洞察力，让你明白市场营销并非只是某一个部门的任务，知道不同的价格认知会如何影响你对产品价值的主张，理解市场定位有多么重要。

如果你愿意破除对于市场营销的错误观念，决定成为一个伟大的市场营销者，那么《营销错觉》正是一本你所需要的书。

目　录

001　错觉一　营销传播在根本上没有改变

009　错觉二　市场营销就是传播而已

019　错觉三　销售和市场营销基本上是同一回事

027　错觉四　我不需要市场营销——我的企业太小，做生意靠的是口碑

035　错觉五　我不需要市场营销计划

045　错觉六　市场营销完全是营销部门的职责

053　错觉七　价格是人们购买的最终依据

061　错觉八　定价策略就是考虑如何收取尽可能高的金额

069　错觉九　品牌的目的就是打造品牌意识

077　错觉十　每家企业都是一个品牌

085	错觉十一	企业之间的交易完全建立在逻辑思维的基础上
093	错觉十二	企业间的营销和企业对消费者的营销完全不同
101	错觉十三	有效的市场营销就是举办一系列大型营销活动
107	错觉十四	一家成功的企业必须有令人信服的独特销售主张（USP）
115	错觉十五	市场定位完全是由所提供的产品和服务来决定的
123	错觉十六	视觉图像在营销传播中是最为重要的一环
131	错觉十七	我们的产品必须吸引尽可能多的群体
139	错觉十八	用人口统计学来进行市场细分是最好的方法
149	错觉十九	营销传播的重点应该放在企业的产品或服务上
157	错觉二十	我们正处于服务型经济的时代
167	错觉二十一	客户的购买旅程不再是一个线性过程

175	错觉二十二	我本能地理解我的客户
185	错觉二十三	市场营销仍然可以依赖传统的购买漏斗模型
193	错觉二十四	开发内容营销花费太多的时间和金钱
201	错觉二十五	社交媒体不过是营销的一些替代渠道而已
209	错觉二十六	每家企业都需要有一个"更高的目标"

错觉一

营销传播在根本上没有改变

错觉一
营销传播在根本上没有改变

在数字技术普及之前，传统传媒公司是我们主要的信息渠道。我们从广播台、电视台、杂志和报纸上接收新闻。我们阅读出版商出版的书籍和商业杂志、听唱片公司的音乐、观看由电影公司制作和发行的电视节目和电影。这些传媒实体垄断了传播手段，拥有较为广大的受众群体。

一些技术的发展改变了这种模式。1989年，世界上一些最大的商业邮件公司如MCI、Ontyme、Telemail、CompuServe都将它们各自的邮件系统与互联网相连接。这是邮件系统与互联网之间的首次关联，标志着商业互联网服务在美国的开始。紧随其后，在欧洲核子研究中心工作的英国科学家蒂姆·伯纳斯·李（Tim Berners-Lee）发明了万维网。到1990年12月，伯纳斯·李已经构建起了一个万维网运作所需的所有技术手段。接着，1993年4月，欧洲核子研究中心将万维网软件投放到公共领域，任何人无须缴纳版权费即可免费使用。正如欧洲核子研究中心网站所述，这种开放式许可证授权极大地促进了传播，也正是这一切才使得万维网得以蓬勃发展。

随着网络的发展，社交媒体应运而生。1996年5月，由安德鲁·温里奇（Andrew Weinrich）创建并于次年推出的六度空间（SixDegrees.com）被广泛认为是第一个社交网站。它"将个人资料、好友列表和学校关系等流行功能结合在一个服务中"。这些现象，加上21世纪前10年智能手机的日益普及，改变了传播的本质。

时至今日，人人都拥有自己的传媒渠道。英国广播公司（BBC）、康卡斯特（Comcast）、哥伦比亚广播公司（CBS Corporation）和维亚康姆（Viacom）等公司仍在一如既往地推出它们的广播节目。而事实上，通过利用网络、流媒体服务和应用程序，许多世界上最强的媒体公司推出的内容比以往任何时候都要丰富得多。虽然这些媒体公司已经扩大了它们的产品范围，但与以往不同的是，如今，企业也都拥有了各自的媒体。

媒体渠道本质上是一种面向受众的传播媒介。无论是网站、Facebook 页面、LinkedIn 个人档案、YouTube 视频网站或 Instagram 账户等实体，都应被视为媒体渠道，因为它们是公司与受众的一种对接。企业要想引人注目，就得看它们在这些平台上发布什么样的内容。

过去的营销传播靠插播广告或消息来吸引观众或听众。今天，一家企业首先要明确它所要瞄准的市场，然后支付一定数额的钱款给已经拥有受众关注的实体。例如，一家有志于进军人力资源专业人士市场的培训机构，很可能早就已经谋划好如何在专业人力资源杂志上做广告。

收音机、电视、电影院、广告牌、报纸和杂志也同样利用植入的方式来吸引听众、观众和读者。同样，直邮广告使企业能够通过邮政系统在人们购买邮票时博得人们的眼球。当然，花钱吸引大众现在也仍然可以是营销传播战略的一部分。只要手段有效，就没有理由不使用。

然而，数字技术现在主宰着我们生活的方方面面，所以，它应该被放在任何营销传播战略的核心地位。运营这些渠道较少依赖传统的营销传播方式，更多依赖的是与媒体方面相关的具体做法。如今，一家机构可以投资创建一个出色的网站，或在 Facebook 上打造一个漂亮的页面，或在 YouTube 视频网站上创建一个出色的频道；但与传统的营销传播不同，它不会拥有直接的受众。换句话说，现在企业需要的是建立一个受众群并留住它。这是传统媒体的强项，

错觉一
营销传播在根本上没有改变

而不是营销份内的工作。

假如媒体渠道像它们在网站上所宣传的那么棒，那么企业现在就必须拿出与自身业务相关的材料去吸引受众，同时尽力使其在受众群中产生共鸣。当然，传统人士会说，整理宣传材料内容一直都是营销传播部门的工作。毕竟，企业的宣传册、指南、传单、广告、商业视频以及许多其他类型的材料都是以内容宣传为主的。

然而，它们之间有着本质上的区别。宣传内容设计的目的，是在几秒钟内吸引现场受众的注意。大部分营销传播在本质上是具有交易性质的，旨在激发潜在客户的购买意愿。由于企业只是向广播公司或出版商支付一个时间段的费用，所以这些传播都是零星的、不定时的，通常都是围绕企业的活动展开的。例如，即使是最火爆的电视广告商，每年也仅仅发布几个商业广告而已。

正如广播公司必须每天推出新节目，以确保其媒体渠道的趣味性、活力和吸引力，企业的宣传内容也需要不断推陈出新。这些材料内容不能仅以交易为目的，只是宣传其商业优点还不够。如果一家企业在不同媒体渠道所做的只是宣传自己企业的优点，它的媒体渠道访问量就会十分有限。以这种方法不太可能建立起一个受众群，自然也留不住访客，因为不会有回头客。因此，不管将来是否会产生交易，企业媒体渠道应该为特定的受众提供有价值的内容资源。

例如，一家招聘公司可以在自己的网站发布有关如何吸引员工、成功面试的指南和面试中如何提问、公司如何留住员工等方面的材料，还可以提供一个基准表格，为本地区的企业提供所在地区工资的大致参考标准。所有这些材料都与招聘业务息息相关。但是，企业老板或人力资源部门不必总考虑着通过招聘公司来了解这些内容的有效性。他们可以订阅时事通讯、注册订阅提醒或者选择定期访问该公司拥有的可靠信息渠道的招聘网站。

如果企业老板或人力资源部门确实需要获得招聘公司的服务，该招聘公司就有可能会收到该企业的询价。当然这家企业也很可能会去多了解其他一些招聘公司，所以这家招聘公司并不能保证自己就一定能最终获得该企业的青睐。但如果该企业与这家招聘公司保持着长期的关系，这家招聘公司就一定会全力以赴争取合作。这就是营销传播要达到的目的，即当一家公司目标市场中的某个人想获得该公司的产品或服务时，这家公司就会收到对方的询价。

正如本章前面所述，以前公司的主要营销活动包括付费植入某家传媒机构的杂志、广播节目或电视节目来吸引它所拥有的受众。在一家企业拥有自己频道的时代，企业和传媒机构一样，需要建立自己的受众群并留住他们。在数字时代，还有另外两个变化使得这一做法变得至关重要。

首先，不仅仅是媒体公司拥有自己的媒体渠道。数十亿人也在 Facebook、Instagram、LinkedIn、Twitter 和 YouTube 等社交媒体网站平台上发布各种信息。结果是，我们现在生活在一个信息超载的世界。从本质上讲，现在每个个人和机构都是一个个确实存在的媒体。

人生中的每件事都有因果关系。生活在一个充满大量信息的时代的直接后果是：我们居住在一个关注力稀缺的世界。获得关注是每家企业成功的源泉。今天，能够赢得人们关注的企业就能成为赢家。

例如，亚马逊之所以如此强大，原因之一就在于它不仅是一个电子商务平台，还是一个产品搜索引擎。人们使用亚马逊来了解特定产品类别中各种不同价位的产品。踏上购买之旅的顾客，注意力一旦被它吸引，只需轻点鼠标，就能够进行购买并享受次日送达的服务。亚马逊也因而获得来自企业可观的销售分成。

　　数字平台不仅像媒体渠道一样运作，公司也凭借这些数字平台吸引并留住受众，这样做还具有商业上的必要性。在一个关注力稀缺的世界，只有拥有受众关注的公司才会胜出。过去，公司因为它们的所作所为获得身价；今天，公司的身价倍增，是因为它们受到广泛的关注。

　　这就引出了第二个变化。生活在一个人人都拥有媒体渠道的世界里，信息传播的动态方式已经改变了。传统上，一个电视台或电台在某个特定时间段播放节目时，受众数量是由当时收听、观看或进行节目录制的人数所决定的。虽然人们偶尔也会互借节目录像带，但办公室里每天进行录像带交换的人并不多。当然，在通过图书出版发行传播信息的年代，人们分享书籍和杂志是很自然的事情。据估计，一份报纸的平均阅读人数比购买人数多出3倍。所以，社交分享一直都是存在的。

　　不同之处在于，在数字时代中，社交分享不仅存在，它还是媒体的一种重要的流通手段。这是在网上获得信息的主要方式，它对营销传播产生重大的影响。传统的传播形式基本上存在两个不同的方面：受众——企业想要争取的对象；渠道——用来连接观众的机制。因此，就像我们之前所举的例子一样，人力资源的专业人员可能是其受众，而人力资源杂志可能是借以达到目标市场的渠道。

　　在数字时代，每个人都有自己的社交渠道，因此，社交分享成为信息交流的关键手段，受众不再仅仅是企业努力争取的对象。他们凭借自身的实力，也成为一种重要的社交渠道。他们现在成为一家公司最好的营销人员和影响人们购买的关键角色。正如谚语所说，物以类聚。一个会计师认识其他的会计师，一个律师认识其他的律师，一个运动队的粉丝可能认识其他队的粉丝。在数字环境中，参与度高的受众群会是一个良好的传播渠道，他们可以影响一批志趣相投的人。

过去，当媒体公司控制着信息的传播时，营销传播靠插播吸引别处的受众。今天，当所有的企业和机构都拥有自己的媒体渠道时，营销传播不只要吸引别处的受众，还要建立自己的受众并确保能留住他们。在一个注意力逐渐成为稀缺资源、信息越来越多地通过社交分享来传播的时代，这种做法不仅与数字媒体相适应，而且还具有商业的价值。这样一来，营销传播就已经从根本上发生改变了。

错觉二

市场营销就是传播而已

错觉二
市场营销就是传播而已

对于市场营销,没有一个统一的定义。美国市场营销协会(American Marketing Association)对此的陈述是:"市场营销是一种设置制度和流程的活动,用于创造、传播、交付和交易对顾客、客户、合作伙伴以及整个社会有价值的产品与服务。"

英国特许营销协会所给的定义是:"市场营销是一种管理流程,其作用在于识别、预测和满足客户的各种需求,以求从中获利。"另一种说法来自被公认为市场营销领域世界一流思想家之一的菲利普·科特勒(Philip Kotler),他认为:"市场营销是一门科学和艺术,通过探索、创造和交付产品价值,满足目标市场的需求并从中获利。"

尽管定义各不相同,但它们有许多共同之处。我更愿意把市场营销定义为一种通过确定、传播、交付价值来获得并留住顾客的过程。这一定义非常契合彼得·德鲁克(Peter Drucker)的观点。德鲁克是商业管理领域中最具影响力的思想家之一,他认为市场营销应该做到"开发客户、留住客户和使客户满意"。

大卫·帕卡德(David Packard)是惠普公司(Hewlett Packard)的联合创始人,他曾说过一句名言:"市场营销太重要了,光靠营销部门去做是不够的。"情况确实如此。过去,最常交给营销部门做的工作是举办各种促销活动,拿出各种促进交易的具体方式方法,如小册子、直接邮件和广告,即各种营销传播的工作。与此同时,营销的战略要素却在其他地方进行,根本没有被视为市场营销的一部分。

彼得·德鲁克认同这一观点。他指出:"从最终结果的角度来看,

011

即从客户的角度来看，市场营销涵盖了企业的所有业务。因此，对市场营销的关注和责任应该渗透到企业的各个领域。"

虽然营销传播是市场营销的一个关键组成部分，但我们还要考虑到其他各种因素。那些不同的营销要素通常被称为"营销组合"。"营销组合"是哈佛大学教授尼尔·波登（Neil Borden）于1953年在美国市场营销协会演讲时首次使用的术语。

最著名的"营销组合"模型是1960年由杰罗姆·麦卡锡（E. Jerome McCarthy）提出的4P营销理论。它为市场营销应该关注的方向确立了基础。4P营销理论的具体内容是：

产品（Product）：指客户收到的产品。它可以由一个或多个内容组成，包括产品、服务、体验，或是所有这些的组合。

渠道（Place）：指的是一个或多个销售渠道，客户可以通过这些销售渠道获得产品。

价格（Price）：指的是客户成本。客户成本不仅包括购买产品的费用，还包括客户在购买过程中可能需要花费的时间和精力、决定过程期间可能需要的支出，以及在购买过程中所产生的其他相关的费用。

促销（Promotion）：用来确保潜在客户对所提供产品的机制的了解，帮助客户了解投资某个产品的意义，并尽可能使产品主张能对顾客产生吸引力。

作为一个框架模式，虽然4P营销理论从最初构想出来到之后的几十年里仍然适用，但它所使用的语言已经无法与21世纪的人们产生共鸣。它需要更新。我所提出的一个模型简称"CAVE"，即"营销传播""访问端口""产品价值"和"体验"的英文首字母。

营销传播（Communication）。也许有人会认为，从定义上讲，所有的营销传播都带有促销的性质。毕竟，企业只是为了激励下游销售渠道扩大销售而进行营销传播。然而，在一家企业拥有自己媒体渠道的时代，企业营销传播的大部分内容应该转为向受众提供具有产品价值的信息，而不是传统意义上的促销内容。

这在1960年是不可能的。当时的大多数营销传播的目的就是纯粹的产品促销，因此"促销"作为一个笼统的术语更为适用。当然，甚至在今天的某些时候，从最纯粹的意义上来说，营销传播也是一种"促销"。

当企业运作自己的媒体渠道时，必须有更加丰富和有深度的传播内容。"促销"一词已经不足以概括今天这种现状。营销传播需要从最广泛的角度来考虑，企业将在这一渠道内使用各种机制，以实现预期的效果。

访问端口（Access）。在电子商务、应用程序和软件出现之前，购买产品和服务通常需要与供应商进行一些实际接触，进行有确定"渠道"的互动。因此，"渠道"是十分妥帖的一个词。

如今，在这样一个充满各种渠道的时代，购买行为的产生往往不需要通过直接的互动。因此，从"渠道"的角度来思考似乎显得有点局限。从"访问端口"所能创造各种机会的角度来考虑产品与服务，和潜在客户与现有客户进行各种互动来进行传播与接触点交流的做法，在数字时代就是一种更为合适的做法。

产品价值（Value）。价格通常是指一方收到产品或服务后，给另一方的直接补偿。价格是一个相对狭隘的概念，因为还有许多其他因素可能需要考虑。例如，去购买一件特定的物品需要花费时间和精力，购买所产生的相关事项，处理事项的花费，产品的拥有与维护的成本。此外，还需要考虑其他与该购买行为相关的问题，如客户的个人声誉以及可能被视为债务的风险。所有这些都需要考虑在内。

总之，所有的购买都是一种产品价值的交换。从个人或公司的角度来看，他们需要感受到他们所得到的东西与他们的付出相等或更有价值。企业通过网站或社交媒体渠道与潜在的客户接触，可能得不到任何金钱方面的回报，但它们必须因此花费时间和精力。所以，"产品价值交换"总是在进行中，哪怕某种产品从表面上看是免费的。

体验（Experience）。在一个物质丰富的时代，如此多的产品与服务已经商业化，要体现差异化往往不在于公司做了什么、提供什么"产品"或"服务"，而是靠"如何做"、靠提供产品"体验"来实现的。

例如，大多数会计师提供的服务都是类似的，如审计、税务建议、财务规划、工资和业务咨询等。就他们的"业务"而言，几乎没有明显的差异。然而，一家会计师事务所的业务可能侧重于公司，另一家可能针对老板、经理和企业家。因此，与公司合作的法律公司可能会在表达方式上更加正式，并习惯于技术性很强的对话，因为它们主要与精通特定术语的财务总监合作。与此同时，为企业家服务的会计师事务所可能表现得较为不正式，并以擅长用通俗易懂的方式解释概念而自豪。虽然这些公司所提供的服务大同小异，但它们与客户合作的方式截然不同。

在后工业时代，这种对客户体验的关注被放大了。根据马斯洛需求层次理论，越来越多的消费者不再关注"基本需求"，而是更加关注心理需求和自我实现需求。由于产品与服务的商品化，基本供应往往非常相似，并几乎可以以任何价格获得。就连时装、航空旅行和电子产品也都出现在低成本供应商的名单上。这意味着，消费者不再纠结于自己是否买得起什么，而是在意"想买什么"。

错觉二
市场营销就是传播而已

此外，媒体更为注重个性化的人物和故事叙述。在每个人都拥有一个媒体渠道的时代，这往往使分享体验比分享实体产品更容易。给一辆新车拍张照片并把它贴到朋友圈，可能会被认为是炫耀，但分享一些经历，比如参加体育赛事、流行音乐会，或者在埃菲尔铁塔顶上拍照，则会被认为有趣得多。

当我们进入"体验经济"时代，对于一家企业来说，从"体验"角度而不是产品或服务的角度来考虑它所提供的产品与服务会更合适。体验更具立体感，它囊括了所有的情感、互动、参与以及客户与企业打交道时的可交付成果。在21世纪的经济中，"体验"这个词比"产品"更为合适。

自从1960年提出4P营销理论以来，一直有人试图为它们添枝加叶。例如，为了反映服务经济，伯纳德·H. 布姆斯（Bernard H. Booms）和玛丽·乔·比特纳（Mary Jo Bitner）在组合营销理论中又加入了3个"P"，分别是人员（People）、流程（Process）和有形展示（Physical evidence）。在我看来，这些添加似乎是没有必要的。正如我在本章一开始提出的，市场营销是一个通过确定、传播、交付价值来获得和留住客户的过程。换句话说，这是一个完全以客户为中心的原则。虽然企业需要合适的人员和流程来提供优质的服务，但这是一个内部运作的问题，而不是市场营销的问题。

从市场营销的角度来看，人员、流程和有形展示已经涵盖在我们的"CAVE"中。从客户的角度来看，人员和流程是企业提供、创造"体验"的一部分，能够向客户提供有关产品有效性的有形展示，也是说服客户、使产品更具吸引力的"营销传播"的一部分。

类似的情况还有，在零售业，有人拟议增加包括"人力资源"和"展示"的内容，被称为"零售业的6P"。同样，我想说的是，从客户的角度来看，人力资源和展示也都在"CAVE"这个缩写词所包含的"体验"之中。

一旦人们理解了市场营销不仅仅是营销传播，那么就可以更好地理解与营销相关的其他学科。市场细分是指根据共同的特点，将一个大市场划分为更小的群体。面对不同类型的产品和服务，我们应采取不同的市场细分方法。市场细分的一些常见方法是：

根据地理位置（Geographic）进行划分：指地区的位置或自然特征或相关的地域特色。

根据心理变数（Psychographic）进行划分：考虑特定群体的个性特征、价值观、态度、兴趣和生活方式。

根据人口统计学（Demographic）进行划分：包括年龄、种族、宗教、性别、家庭规模、族群特点、收入和教育状况。

根据行为特点（Behavioural）进行划分：关注用户所采取的不同购买模式以及购买的物品、类别和品牌。包括用户的行为记录，比如客户在购买前对产品与服务访问的次数，什么时候使用访问，如何使用访问，在什么情况下使用访问等。

市场细分很重要，因为一个群体的同质化程度越高，就越容易为他们"确定、传播、交付价值"，从而使他们成为被获得和留住的客户。

针对一个特定群体的价值定位是市场营销的关键部分。这可能需要做大量的工作。它可以包括一个市场营销团队一起参与到新产品或服务的创建，调整产品或产品体验以吸引目标市场，或者确定最佳的方式来定位产品以吸引客户。当然，这些只是市场营销在决定产品价值方面的许多方法中的一部分。

为了确保那些从事市场营销的人员真正了解他们的客户，以便有效交付产品价值，他们需要经常开展市场调研。从根本上来说，

错觉二
市场营销就是传播而已

市场营销要求从业者对他们的目标市场有一个全面的领会，了解客户面对企业为其所提供的产品与服务所带来的相关的挑战、难点、希望、期待、目标和抱负。最终，市场营销需要企业学会从客户和他们需求的角度来思考。营销传播只是市场营销中的一部分，要做的事情还远不止于此。

错觉三

销售和市场营销基本上是同一回事

错觉三
销售和市场营销基本上是同一回事

在"错觉二"中，我们谈到，市场营销是通过"确定、传播、交付价值来获得并留住顾客的过程"。如果说销售是引发消费者购买的行为，那么人们很容易就会发现，销售人员和营销人员都有一个共同的目标：赢得客户。也许，正是这个共同的目标导致人们对两者之间差异的混淆。

在"错觉二"中，我们使用缩写词"CAVE"重新定义了"营销组合"——营销传播、访问端口、产品价值及体验。当我们用这个棱镜来审视销售时，这两个不同领域之间的对比就变得清晰起来。

二者之间的交集主要是营销传播。事实上，人员推销，即利用个人鼓励他人购买，是一种营销传播的形式；它和广告、直销或公关的做法都是一样的。既然如此，可以说人员销售是市场营销的一个分支。但这并不意味着从事销售活动的人不需要有自己一套独特的技能、技巧和能力素养脱颖而出。一种普遍的看法是，人员推销只是针对潜在客户和现有客户进行营销传播的一种方式。

然而，它们之间的区别在于传播性质的不同。市场营销负责从品牌或企业到市场之间的传播，而销售人员作为企业的代表，与顾客进行面对面营销传播的工作。

有很多产品都是通过市场营销，或者品牌对个人的营销传播实现销售的。整个快速消费品（FMCG）类别就是一个例子。对软饮料、牙膏或洗涤液的市场营销将导致人们购买某些特定的品牌，而不再需要单独的销售人员。

有许多面向消费者的产品，由于其复杂性、影响力或成本的考虑，需要进行人与人之间的沟通。例如，一对夫妇在计划一生一次花费巨大的度假时，他们会觉得自己处理整个旅程预订工作太辛苦了，可能希望借助专家的经验，帮助他们量身定制这个假期。在这种情况下，通过人与人之间的沟通，为客户分忧解难，对于公司"赢得客户"是必要的。以这对夫妇的购买过程来说，市场营销，即品牌对个人的营销传播，只能到此为止；交易的成功则需要由一名销售人员来完成。

类似的，有许多企业对企业的产品，鉴于牵涉重大的投资、其本身的复杂性和对企业的重大影响，作为产品购买过程的一部分，需要进行人与人之间的营销传播方式。例如，一个需要专门定制的软件平台，花费几十万美元，如果没有人与人之间交流的指导和保证，这个交易是不可能达成的。"营销传播"作为市场营销的一部分，在寻求赢得和留住客户的过程中，提供该软件的公司会采用个人销售作为达成交易的一个重要环节。

当需要通过人际互动以确保交易达成时，就需要使用销售人员。交易成功是销售的唯一关注焦点。虽然从根本上说，市场营销的有效性也必须由交易结果来判断，但营销传播作为赢得和留住顾客的机制，只是市场营销的一个领域。所以说，它的活动范围远远大于销售本身。

在企业对企业的环境中，通常认为市场营销的工作是挖掘潜在客户，而销售的角色是将这些潜在客户转化为真正的客户，从而产生交易行为。如果市场营销是通过"确定、传播、交付价值来获得并留住客户的过程"，那么根据定义，它必须具有创造潜在客户的功能。换句话说，市场营销活动应该起到的作用是，使人们产生购买公司产品的兴趣。

然而，销售人员常常被作为企业开发新客源的开路先锋。按照传统，他们会采用人与人之间的沟通方式，如上门、打电话、参加

错觉三
销售和市场营销基本上是同一回事

社交和展览等其他活动，以此来创造销售机会。虽然某些公司会选择将开发新客户作为市场营销的唯一责任，但总的来说，这不能作为对二者不同角色定位的描绘。市场营销利用品牌对个人的营销传播开发客源，而销售人员则会通过面对面的方式完成这项任务。

访问端口是营销组合"CAVE"中的一个领域，营销人员必须考虑如何通过这个端口给客户提供产品。访问端口的使用能极大影响人们对产品的感知度，满足目标受众的各种要求并使企业获得最终的成功。这是一种市场营销的战略原理，并不涉及销售。当然，在与客户的直接互动中，销售人员可能会发现一些市场部门可能没有意识到的细节需求。企业应该有这样的一种机制，确保这些经过过滤的"市场情报"反馈到企业。

如今，销售人员必须去思考有了访问端口之后的客户访问方式。传统上，销售人员会"破门而入"。无论是挨家挨户推销、电话推销还是参加展览或活动——销售人员都以直接的方式接近那些潜在的客户。在数字时代，有如此多的信息可供顾客使用，买家更多靠自己完成购买过程，无须指导。顾客变得强大以后，就不太能接受那些"冷"销售方式。

因此，销售人员就不得不去琢磨一些通常只有营销人员才需要思考的问题，比如"我的客户的购物技巧是从哪里学来的""在购买旅程的开始阶段，人们可能会用到哪些平台、论坛和机构组织"，销售人员就需要经常现身在这些场所。由于许多渠道都是在线的，本质上是媒体渠道，销售人员就不得不学会撰写博客、制作视频和其他材料，以便建立一个销售平台。以前，营销人员一直在做内容策划方面的工作，销售人员并不需要自己设计小册子、制作广告或策划直邮促销活动。在某种程度上，销售人员现在必须学习在过去几年里纯粹属于营销领域的专业知识。

此外，营销人员可能会发现，与他们的客户通过诸如社交媒体等在线工具进行面对面的交流是有必要的。传统意义上，这是销售人员的职责范围。随着越来越多的购买过程转移到线上，营销人员需要进一步了解如何助力推进产品的销售。以前，在许多单位，这是销售人员的工作。这种重叠意味着销售和营销部门现在必须比过去更加紧密地进行合作。

这表现在两方面。首先，销售人员很可能需要得到营销部门的支持，为他们的在线渠道策划和制作内容。其次，营销和销售部门需要确保齐心合力。在过去的几代人中，每个部门使用的传播渠道可能非常不同，而今天他们都同样在线进行传播。如果双方在做法上缺乏一致性，他们的工作成效都将受到影响。

例如，客户可能在销售人员的社交媒体平台上读过一些资料后，立即访问属于营销职责范围内的公司网站，以便对产品做进一步的了解。如果网站内容传达的信息，在语气、感觉和语言上与销售平台上的不一致，结果可能让客户感觉困惑；在无法清楚了解公司产品的情况下，他们就会转向别处。

营销组合中的产品价值部分，以及所提供的产品是否值得客户花费时间和金钱，都属于营销部门的职责范围。诸如要考虑客户在购买产品的过程中，需要投入的时间和精力，完成购买所涉及的费用以及拥有产品与维护的成本等与此相关的其他情况，据此来设定产品的价格。这些都是战略性问题。这些问题必须经过深思熟虑，以确保产品对客户具有吸引力。销售人员在这些战略问题中可能扮演着关键的角色，因为他们可能拥有需要反馈给企业的"市场情报"。为了能够有效地进行销售，他们需要清楚知道顾客最在乎什么、他们能为顾客传递什么样的产品价值，如此方能有效地进行销售。虽然确定产品价值的工作是由市场营销部门牢牢把控的——与销售人

错觉三
销售和市场营销基本上是同一回事

员完全无关。

营销组合的最后一部分是产品体验本身。这是指所提供的产品或服务，包括顾客可能会遇到的所有其他问题，还包括这期间所产生的互动、活动参与和情感传递。传统意义上，确定产品或服务的范围，以及顾客应该体验的内容，是营销部门的职责所在，现在仍然如此。不同之处在于，如今的销售人员也参与到产品体验工作中，并直接影响这种体验的效果。

正如我在"错觉二"中所述，在一个物质丰富的时代，如此多的产品与服务已经商业化，要体现差异化往往不在于公司做了什么、提供什么"产品"或"服务"，而是靠"如何"做、靠提供产品"体验"来实现的。通常，客户与企业的第一个人际互动对象是销售人员，销售人员为客户提供的"体验"将影响买方对企业的印象。很多产品或服务大同小异，但如果某家企业的销售人员能够通过提问、表达观点和看法使客户增加对产品的价值感，这种"体验"就可能会达到客户的期望值，并能确保交易的成功。

在以产品为基础的经济环境下，无论销售人员有多优秀，客户都知道他们购买的是有形的物品，而产品质量不会因销售人员的不同而改变。在以客户体验为基础的经济环境下，代表公司的人是客户体验的一部分。因此，销售过程本身就是差异化的体现。虽然体验方式仍然由营销部门决定，但至关重要的是，他们必须与销售部门密切合作，以确保销售人员理解产品销售的要点，并在与客户的互动中恰当地表现出来。

因此，虽然有着相同的目标，但销售和市场营销属于不同的领域。然而在数字时代，两者之间的界限已经模糊了。销售人员现在拥有了自己的媒体渠道，他们必须策划媒体渠道内容，并要做到比前几代人更贴近客户。

有时，营销人员也会发现自己是通过社交媒体等在线工具与客户进行交流的。随着越来越多的购物活动在网上进行，营销人员也需要更多地了解是什么引起消费者的购买欲望的；在许多行业，这部分工作以前都是销售人员的份内之事。归根到底，和以往相比，现在要求销售和营销部门之间要有更加紧密的协调与合作。

错觉四

我不需要市场营销
——我的企业太小,做生意靠的是口碑

错觉四
我不需要市场营销——我的企业太小，做生意靠的是口碑

以一个处于早期阶段的小企业为例，公司的创始人是以决定提供什么产品或服务来开始其业务的。他们有设定的产品或服务的范围，从哪里、以什么方式、什么价位，向客户提供产品或服务。

就"营销组合"而言，用"CAVE"这个缩写词——营销传播、访问端口、产品价值和体验——如"错觉二"中所述的那些内容，我们这些企业的创始人都已经考虑到了：

体验：提供的产品或服务、产品范围以及交付方式。
访问端口：产品将以何种方式从何处提供。
产品价值：产品的价格以及客户从他们所花的钱中得到了什么。

市场营销这些战略方面的考虑对于一家企业的生存至关重要，然而它们又往往根本不被认为是市场营销。有鉴于此，极具影响力的企业管理思想家彼得·德鲁克在其著作《管理的实践》(*The Practice of Management*) 中写道："由于企业的目的是创建客户，所以企业有两个，也只有两个基本功能，即市场营销和创新。市场营销和创新产生结果，其余的都是成本。市场营销对企业所起的作用是不可替代的。"

当公司所有者声称他们"不做任何市场营销"时，这种说法是不正确的。在企业的早期阶段，商业领袖不断地重新评估和进行产品迭代，直到他们觉得完全满意为止。他们这样做，不仅是在进行市场营销，而且很可能将其作为企业发展的着力点。

当然，他们要表达的意思是，他们没有将任何重要资源投入市

场营销的"传播"方面。但实际上，可能已经投入了相当的时间和金钱在这个领域上。大多数企业都会创建标识。它们很可能都会建立一个网站，无论网站多么简单，以此来确保它们在某些相关的社交媒体平台上都占有一席之地。就此而言，如果它们不需要市场营销，为什么还要参与诸如此类的活动呢？

我们现在已经戳穿了企业不需要或者企业因为太小不需要做市场营销的说法。然而，从"营销传播"的角度来看，他们的说法也有其合理之处，尽管具有误导性，但是可以理解。

在某些情况下，在起步阶段，企业主会通过直接联系老同事、以前生意上的客户和其他熟人开始公司的经营。企业经常通过这些人际关系的交流，获得它的第一批客户。正如我们在错觉三中所探讨的，人员推销是一种营销传播形式。因此，严格地说，人员推销是市场营销的一个子集。不过，这也是一项独特的活动。将人员推销作为唯一重要的营销传播渠道时，企业也很可能获得相当大的成长。

当企业处于这一发展阶段时，很可能所有市场营销的战略决策都来自企业的拥有者。许多人只是错误地将市场营销与营销传播混为一谈而已，没将这些战略决策视为市场营销。与此同时，由于企业的客户来源可能来自个人的推销工作，因此，企业主就可能会宣称他们"不需要市场营销"。虽然我们明知这不是真的，但我们也可以理解他为何这么说。

同样，当企业主强调自己的公司规模太小，不需要做市场营销时，他们通常是指市场营销活动没那么重要，不需要安排某个员工或部门专门从事这项工作。但正如我们所确信的那样，对于企业来说，进行市场营销活动是必不可少的。

至于本公司不需要市场营销的最终辩称，是因为我们所有的生

错觉四
我不需要市场营销——我的企业太小，做生意靠的是口碑

意都来自"口口相传"。这种说法真的很有趣。为了生产出足够好的产品及服务，使人们相互推荐，中间需要采取许多市场营销的战略决策。公司获得的所有口碑推荐都有来自市场营销所做出的贡献。当然，在数字时代，要想获得好口碑还需做好其他方面的工作。

口口相传对于任何企业而言一直都是极为重要的。尼尔森（Nielsen）说："最有意义的广告形式是亲朋好友的推荐。来自60个国家/地区的83%的消费者表示，相比于其他任何形式的广告，他们更愿意相信这类的推荐。"这是因为社会现实证明，他人的言行是影响人类行为的最主要因素之一。众多企业的成功都可以归功于口口相传这一形式。

在模拟电视时代，口口相传很难具有战略性的意义。公司只能通过为客户提供最佳体验，期望客户之间相互推荐。公司中会有一些人，对体验满意的客户进行跟进询问，了解他们是否愿意把体验满意的产品或服务向其他人推荐，这样做得到的结果当然不可能尽如人意。企业代表也会去参加社交活动，让与会者熟悉并了解他们的产品，鼓动人们把产品介绍给他们各自的社交圈。当然，所有这些做法的选择都涉及市场营销。况且，就算这些选项中的任何一种方法有可能产生结果，但肯定也与口口相传那种重复传递的方法无关。

今天，这种情况已经改变。我们现在生活在一个每个人都可以有自己媒体渠道的时代。因此，社交分享在信息传播中扮演了重要的角色，朋友和同事成为他们社交媒体内容的监督者。此外，以前人们通过面对面或打电话交流来分享评论、意见和想法，现在则通过社交平台和通信应用程序来获得。从根本上说，口口相传已经转移到了线上。

这代表着巨大的商机。如今的公司不必被动地等待下一个被推荐来的客户，也不会完全不知道下一次被推荐的客户将来自何处，

031

而是既能赢得口碑又能同时清楚客户对其的评价。

媒体时代的硬通货就是内容。因此，在拥有媒体渠道的情况下，如果今天的企业希望它们自己有良好的线上表现，那么，它们就得制作出对目标受众有价值的内容。通过测试、衡量和更新换代产品内容，公司可以创建出人们愿意参与、评论和与他人分享的产品信息。特定内容获得多少参与度、得到多少留言和评论，以及被分享的次数，都是一目了然的指标。通过推出正确可靠的信息内容，企业就能不断获得口碑的累积。

虽然与朋友分享一段视频或一篇文章，不能算是完全意义上的推荐，但它也是一种隐性的支持。例如，假设一家公司制作了一段视频，深入详细地介绍了如何能够实现某种结果的有效做法，如果有人将这段视频与同事分享，那么我们就可以推断这家公司本身做得很不错。因此，在数字时代，市场营销不仅是获得口碑推荐的必要条件，而且可以实实在在地通过数字渠道带来更多的好口碑和收益。

因此，线上营销的缺席会严重损害公司的业务和竞争力。企业营销需要这种在线的形式。社交信息的分享作为营销传播的主要方式之一，与在线购买过程相结合，意味着潜在客户和现有客户不再仅仅是目标受众而已。今天，社交信息的分享成为企业进入市场的一个主渠道。尽管潜在客户和现有客户可以根据自己的意愿选择是否分享经验，但公司为目标市场提供机会参与、介入、评论和分享机会的做法显得很有吸引力。当然，这一切都是通过市场营销的手段来促成的。

越来越多的购买过程已经部分或完全迁移到线上。买家通过搜索引擎、网站、社交搜索、用户评论、留言和其他客户评价、个人网站、在线视频、在线社区、博客和社交平台，来做出是否购买的决定。结果是，对于一家公司而言，要想获得口碑推荐，就越来越需要拥有活跃的在线形象。换句话说，它就是一项市场营销活动。所有的企业，无论大小，都会开展一些市场营销活动，即使在业务几乎完全是通过口头推荐的时代也是如此。向数字化的转变意味着，一家企业要确保它继续获得客户的推荐，它必须开展比以往更多、更明显的市场营销活动。

错觉五

我不需要市场营销计划

错觉五
我不需要市场营销计划

无论一家企业推出什么样的产品或服务，它都要有一个计划来确保这些产品或服务能被市场所接受。从确保企业拥有必要的设备，到确保应有的适当员工规模，再到确保企业遵守各项强制性法律法规的要求，这些都是企业在满足客户需求的前提下，需要做好的准备。

然而，在如何吸引和赢得客户方面，有太多的企业都表现得相当草率和随意。这可能会导致各种各样的问题。企业有时会发现，它们根本没有足够的客户使其产品实现商业利润。企业可能会被迫做一些不该做的事，或以降低产品的价格来维持企业的生存。

许多企业在经历高峰和低谷时，总是手忙脚乱，无暇开展任何主动的市场营销传播。结果在忙碌过后，却发现它们的业务毫无起色。于是，它们急忙加快进行市场营销和销售方面的活动，并因此带来了一些商机，这让它们又开始了另一轮手忙脚乱的过程。

道理很简单，没有客户就没有企业。企业的生存和发展取决于其能否获得并留住越来越多的人来购买其产品和服务。就像企业在运作上，不是靠运气来进行产品和服务的销售一样，不去为赢得客户做计划而使自己企业陷入生存危机的做法，实在令人难以理解。

为了留住客户，并不断吸引新客户，企业需要对各种因素做持续的评估。比如说，如何面对瞬息万变的市场变化所带来的机遇，以及如何利用这种变化所必须采取的手段。企业需要对所能采取的措施做出选择，以确保企业既定目标的成功，并使那些能够助力目标实现的机制变得一目了然。

简而言之，企业需要制定营销策略和执行该策略的计划，否则就不可能取得较大的成功。要确保企业能够"赢得并留住"客户，需要考虑很多因素。因此，任何企业在没有制定明确的战略和计划的情况下，试图实现这一目标似乎都是荒谬的。

在进行营销策略的组合时，必须对那些外部因素加以评估。我们可以借助助记符"STEEPLE"来进行。STEEPLE 是哈佛教授弗兰西斯·阿吉拉（Francis Aguilar）于 1967 年提出的 PEST 模型的一种变体。STEEPLE 的组成内容主要针对目标客户的定位、产品价值及其可持续性，也包括一些可能带来额外的威胁或机会的因素。这个助记符包括：

社会方面（Social）——指文化方面的变化，如人口数量、人口统计、健康调查、工作场所、生活方式和时尚。

技术方面（Technological）——指技术方面的变化，包括新技术、那些已过时的技术、以及各种发展所带来的冲击。

经济方面（Economic）——指经济增长、通货膨胀、汇率、利率、公众信心及失业率。

环境方面（Environmental）——指天气、气候变化和环境监测。

政治方面（Political）——指税收、就业、贸易限制、关税以及稳定措施、可能会对企业业务各个方面带来影响的政府政策。

法律方面（Legal）——指健康与安全、歧视、就业、消费者、竞争以及影响商业环境的那些反垄断法律法规。

道德方面（Ethical）——指不断变化的社会价值观及其影响。

考虑过这些外部因素后，企业再从内部审视自身的优势和劣势是有好处的。需要考虑的因素有：

● 管理团队及其能力；

- 员工的素质层次和能力；
- 内部流程、信息系统和质量标准；
- 供应商——企业对供应商的依赖程度，包括供应商对企业内部生产和外部供应能力的影响；
- 内部沟通状况和生产力；
- 企业财务状况。

有了对内部和外部因素的透彻了解，企业就可以考虑实际的营销问题，这些问题必须作为整体计划的一部分进行评估。这里我们将使用缩写词"CAVE"来探讨这些问题，详见"错觉二"。

也许从E（体验）说起最为合适——体验涵盖了产品或服务的全部内容。首先是产品或服务本身。在设计产品时是否考虑到了解决潜在客户面对该产品的各种挑战？它如何满足当前客户的要求？有哪些市场趋势和外部因素可能会使当前的产品或服务显得陈旧过时？哪些因素能为创新和引入新的前景提供机会？

在考虑产品与服务的同时，还必须考虑其他方面的问题。应该将竞争对手及其相对优势和劣势都考虑在内。自己企业的竞争优势在哪些方面？又可以在哪些方面创造出竞争的优势？

企业在设计体验（Experience）事项时，必须考虑如何体现差异化。在我们生活的这个商品化的时代里，通常来说，企业不会以它们"做什么"来区分，而是以"为谁做"来体现差异。因此，考虑到这一点，就需要针对谁是企业的目标客户做进一步的市场细分。

即使某家企业在"做什么"方面与其他企业相似，通常它也可以针对特定目标市场，通过出奇制胜的"怎么做"来体现差异化。例如，一个专业从事制造业业务的人力资源咨询公司，同样也提供其他人力资源咨询公司所能提供的服务，它们在"做什么"方面并没有什么不同。但是，通过专注于与制造商的合作，它可以为公司制定专家指南，并通过相关的特定案例研究，帮助公司更深入地了解运行生产线和雇用大量蓝领工人所特有的市场趋势。换句话说，它所提供的服务在"怎么做"的层面要适应它所服务的特定市场。

一家企业还必须考虑它自身的市场定位，包括它希望留在客户心目中的企业形象。例如，我们的人力资源咨询公司可能会使用"英国制造商的第一选择"这句话，让公司在市场上有一个明确的地位。当然，这样做自然会使公司品牌及品牌所代表的内涵引起更广泛的关注。

所有这些因素都具有重要的战略意义，绝不能以一种漫不经心的方式去对待。许多企业的营销传播活动之所以无效，是因为它们没有充分细分它们的客户，没有建立一个强大的市场地位或是开发出具有针对性的产品与服务。如果不能真正设身处地地理解客户的难处，了解企业所传递的信息对他们所产生的影响，明白企业为他们所提供的产品有什么价值，这样的营销传播很可能不会与潜在的客户产生共鸣，无法产生吸引目标客户数量所需的影响力。简而言之，制定市场营销计划可以迫使企业思考必要的战略问题，这将为企业提供更大的成功机会。

确定体验（Experience）这一环节的计划后，企业就需要考虑A——访问端口（Access）。这是客户或潜在客户同产品、服务之间的互动，购买或接受产品与服务的另一途径。虽然这是客户特有的权利，但产品或服务的访问方式将决定人们对产品体验的差异。例如，产品、服务只是在线提供吗？线上与线下购买是否有所不同？客户必须自行前往某个地点或是由企业提供上门服务？

这些考虑还将影响下一个元素V——产品价值（Value）。这包括产品的价格、客户购买所需花费的时间和精力、购买所产生的相关事

错觉五
我不需要市场营销计划

项、处理事项的花费、产品的拥有与维护的成本。此外，还必须考虑到环境与购买行为之间的联系。例如，当某人躺在沙滩上晒太阳时，他就可能比他每周在超市购物的时候，更愿意为购买冷饮支付多一些的钱。

对产品价值的考虑将左右一家企业的定价策略。它必须考虑产品的利润、市场的比较及产品的定位。例如，如果一种产品被定位为同类产品中最好的，那么它就不可能是最便宜的，因为消费者愿意为高质量支付更多的费用。如果企业在定位和定价策略上不相契合，结果可能会导致产品价值与价格的背离，从而可能导致客户对产品的不信任。作为一种市场营销策略，所有的折扣和优惠也必须被视为产品价值要素的一部分进行充分的考虑。

C——营销传播（Communication）。这是营销组合中需要解决的最后一部分问题。企业必须真正了解买家的动机，才能潜心打造出能够吸引潜在客户进行购买的信息内容。关键的信息内容确立后，企业需要决定使用哪些渠道来让它们进入其目标市场。从电视到社交媒体，从直邮广告到战略伙伴关系，企业可以有很多的选择。

有太多企业并没有制定营销计划，它们只是短期策略性地运用社交媒体、直邮广告和自己的网站等渠道。它们忙碌于一场场的营销活动中，试图从投入的时间和金钱中获得回报。如果它们能制定出合适的计划，确保各种渠道的活动相互配合、互为补充，企业就一定可以从它们工作的付出中获得更多的收益，只要策划得当，就会使每项活动的效果更佳。

除了提高市场知名度，企业还必须考虑如何吸引客户关注度的问题。可以通过选择创建一个电子商务平台或是通过人员销售亦或是将产品放在合适的零售网点进行销售。在如何保持客户关注度的方面，也必须有应对的策略，可以考虑包括聘请人员专门负责账户管理、制定忠诚度回馈机制和建立客户通讯联系等方式。

　　一家企业可能无法获得足够的信息去研判实行上述方案的实际效果。因此，它可能会采取在某些特定领域进行市场研究的方法，来验证所得出结论的可靠性。

　　显而易见，从整合有效的市场营销策略所涉及的复杂性到一项策略得以实施的过程来看，企业需要制定一个计划。出于对市场营销计划其他一些方面的考虑，也必须有这样规范化的措施。

　　为了完成计划，就必须做好资源配置的工作。例如，企业需要做好营销传播方面的预算。预算中要预留可能需要培训或招聘新员工的支出，也可能要预留出必须扩大或改变产能与提供服务的资金。

　　为了激励员工、分配任务和职责、提高管理绩效，该计划及其目标需要与企业中的每一个人进行沟通。无论这是一个很小的团队还是一个拥有数千名员工的企业，如果没有制定出具体的计划，就很难清晰地将企业计划向员工解释清楚。

　　最后，评估措施，也被称作关键绩效指标（KPI），必须落实到位，以便能够对结果进行评估和监控。当我们把这些评估措施整合在一起时，不妨借用乔治·多兰（George Doran）在1981年发明的SMART记忆法。SMART记忆法囊括了以下5种评估措施：

　　S——**具体性**（Specific）：在有充分理由的前提下，对某项业务进行精准的监管。

　　M——**可衡量性**（Measurable）：对进度的监控必须有指标。

　　A——**人力可为性**（Assignable）：有一个或几个人对结果负责。

　　R——**现实性**（Realistic）：目标是可实现的。

　　T——**时限性**（Time bound）：必须有完成交付的特定期限。

市场营销计划不应该一成不变，企业应该对其进行定期的考察与调整。通过落实恰当的绩效评估制度，可以对计划的进展情况进行监测，并做出适当的调整和改变以取得良好的结果。在制定一个全面的市场营销计划时，企业要基于它已经落实到位的绩效评估制度，不断地改进提高，这样才能使任意的市场营销获得最大化的成果。

错觉六

市场营销完全是营销部门的职责

错觉六
市场营销完全是营销部门的职责

彼得·德鲁克是商业理论领域最具影响力的人物之一，他在《管理的实践》一书中写道："由于企业的目的是创建客户，所以企业有两个，也只有两个基本功能，即市场营销和创新。市场营销和创新产生结果，其余的都是成本。市场营销对企业所起的作用是不可替代的。"

如果市场营销是企业的核心，又岂能把它交给企业的一个部门全权负责呢？从传统的营销组合来看，将市场营销所有的领域都交由一个部门去完成，似乎是荒谬的。如果真是这样的话，首席市场营销官实际上就是在管理整家企业的运作，事实却并非如此。

明确产品与服务并确保其对客户产生持续的吸引力，是市场营销的一项原则。但是，认为这些决策工作应该完全由营销部门来做则是荒谬的。创新、产品迭代创意以及开发新产品，通常需要由一个独立的团队负责。例如，如今许多企业都已经建立起了自己的创新中心。确定业务范围是企业的核心工作。一家企业可能会有许多战略领导者，他们有自己的独到见解并希望在决策中拥有发言权。

确保一个创意想法能够落地实施，意味着需要负责客户服务或运营的人员参与其中。开发新产品则需要资金的支持，在整个过程中，首席财务官亦不可缺席。

从技术上来说，虽然客户体验属于市场营销领域，但许多人和部门也都会参与其中。从销售到财务部门、从客户管理到客户服务团队、从前台到送货司机，都有大量的互动与接触点，这些互动和接触点会影响客户对产品的看法和他们所做出的决定。

顾客如何与产品和服务进行互动，如何购买产品与服务，是营销组合中的另外一个环节，但这不是市场营销部门单独可以决定的。这是一个涉及企业战略核心的决策。对此，企业中的其他高层决策者也会有他们的观点和看法。他们关于如何运作营销的各种想法，会对一些部门造成一定的影响。例如，任何在线交付和电子商务服务部门都可能需要考虑其 IT 主管的意见。

事实上，在客户关系管理系统、营销自动化、人工智能以及虚拟现实、增强现实等方面，技术因素在市场营销中的重要性正日益提高，这意味着市场营销部门通常必须与企业技术团队紧密合作。

买家能获得什么样的产品价值，如何在产品与向客户提供的报价之间取得平衡，这其中包括了对购买、安装、拥有和维护等任何解决方案所付出的所有成本的考虑，也属于市场营销的领域。然而，在大多数企业中，如果没有首席财务官的首肯，由营销部门全权负责定价策略是不可想象的。

到目前为止，我们所看到的营销组合的三个部分，都是市场营销部门应该参与的领域。而彼得·德鲁克的观点就是，它们在事实上正处于企业的战略核心地位，如果由一个部门全权负责这些决策是荒谬的。

营销组合中最普遍（也最广泛）被称为"营销传播"的那个部分，往往是市场营销人员拥有最大自主权的领域。但即使在这一范围之内，也有很多方面的事务，因为太重要，不能完全放手给市场营销部门单独去处理。

尽管市场营销团队往往是企业品牌的守护者，但品牌的许多方面都具有战略意义，因此高层决策者必须参与其中。企业目标的定义、产品价值主张、情感主张与市场定位，都直接影响企业向受众的营销传播方式。然而，这些产品价值理念只能来自企业的创始人

错觉六
市场营销完全是营销部门的职责

或领导者才会具有真实意义。它们不能简单地任由市场人员闭门造车，然后再将其强加给企业的其他部门。

明确了企业的格局及市场定位，就要开始考虑企业如何在市场中体现出差异化，这又会带出对其他一些问题的考虑。例如，如何确定目标市场和市场细分。当然，市场部也应该参与到这些细节的讨论中来。实际上，市场研究和分析通常是由市场营销团队或由营销团队所委托的第三方进行的，这些研究和分析数据通常可以为这些决策提供信息方面的支持。

开展市场调研、分析竞争现状、从访谈与民意测验和调查中获得客户反馈以及听取社交渠道上的对话，通常都是市场营销部门负责的领域。但是，对于客户需求的分析工作，企业的其他部门也要参与。例如，销售团队或客服部门也有一些信息需要共享，企业的其他部门也会有一些关于客户需求的相关数据。比如，客服团队会获得有关客户投诉和常见问题的数据，负责电子商务平台的技术部门会有订单和购买频率等方面的数据。当然，所有这些信息对于做出正确的市场营销决策至关重要。

研究活动和数据分析将大大有助于企业在确定差异化和目标客户方面所做出决策，这些决策关乎企业的核心战略。仅依靠市场营销部门去解决这些问题是不可能的。

人们通常认为，战术性沟通和营销传播渠道的使用是营销部门的专职领域。但是，这种看法过于简单。的确，在过去，促销活动经常留给市场营销部门去开展。广告和辅助材料制作，例如手册和传单制作，包括与代理商、印刷商、公关公司、撰稿人和设计师之间关系的处理，也都是市场营销团队的分内之事。

但是，随着数字化的发展，意味着营销部门现在也要负责媒体渠道的运营。像所有媒体一样，网站和社交平台也需要持续不断地进行内容的更新。尽管营销部门可能负责管理这些渠道，但内容的创意和贡献通常需要来自企业的其他部门。例如，高级管理人员可能被要求出现在企业制作的视频和其他的内容中。

由于社交渠道的变化，各部门之间的界限被进一步模糊了。作为品牌的监护人，市场营销部门通常希望由自己主导社交平台，创建发布那些在平台上的素材并对评论做出回复。但是，客服团队也可以很好地利用社交媒体为消费者提供更快、更有针对性的帮助。销售人员也可以同样使用社交媒体。随着越来越多的购买过程在线上进行，对于销售人员而言，通过社交平台与潜在客户和现有客户进行互动，是再正常不过的事了。

在许多方面，销售人员总会模糊市场营销部门所控制的营销传播范围的界限。从技术上讲，人员销售是一种市场营销渠道，是接近潜在客户的一种特殊媒介。在许多企业之间的交易来往中，人们普遍认为购买者不太可能在没有与企业人员见面的情况下，购买昂贵的产品或服务。人员销售经常是将机会转化为交易的关键渠道。因此，销售部门常常是一个独立的实体，在市场营销团队中独立工作，有自己的人员和预算。所以说，企业营销传播的一个主要方面与市场营销几乎没有任何关系。

事实上，在许多企业之间的交易中，正是"人员销售"方式的重要性，使得市场营销部门常常被看作仅仅是配合销售团队工作的一个职能部门而已。有时，这表现在市场营销只是负责为销售人员提供支持材料的做法上。在一些企业中，市场营销只是负责开发潜在客户，销售团队则负责将其转变为企业客户的工作。

也许，把市场营销部门作为负责市场营销成果的唯一部门，这种看法是荒唐的。说到底，市场营销只能负责获取和留住客户。尽管市场营销部门应为最终的结果做出贡献，但销售团队也可能为实

错觉六
市场营销完全是营销部门的职责

现这一结果负责。在留住客户方面，几乎每个业务部门都会以这种或那种方式影响客户的体验，对客户是否愿意在未来继续保持与某个特定企业的合作产生影响。

如果一家企业中处处都有市场营销行为，那么人们有理由问，为什么还要设置一个专门的市场营销部门呢？这个问题的答案是，这是为了确保有人或有专门的团队在不断思考市场营销问题。最为关键的是，如果没有专人或专门的部门负责市场营销，则表明市场营销没有受到足够的重视。将专用资源投入这一业务领域是至关重要的。虽然这个人或这个部门在实际上不可能在市场营销中做得面面俱到，但重要的是，企业内部有一个职能部门在专门负责这一领域的工作。

在如今消费者被赋予各种权益并拥有众多选择权的商业环境中，市场营销部门的总体价值也许在于，有一个团队可以站在客户的角度上，去全面审视企业的方方面面。虽然市场营销工作需要分散在企业的各个部门中，但专门致力于市场营销工作的部门，或许应该把自己视为"客户部"（Customers' Department），而市场营销负责人则视自己为首席客户官（Chief Customer Officer）。这样，企业才可能不偏离实现商业成功的焦点，那就是：赢得并留住客户。

错觉七

价格是人们购买的最终依据

错觉七
价格是人们购买的最终依据

随便进入一家超市的停车场，你都会看到那里停着各种不同款式的汽车。如果人们仅仅根据商品价格购买汽车，那么从逻辑上讲，大家看到的汽车将只有一种：最便宜的。同样，在预订长途航班时，任何一家常规航空公司都会为乘客提供各种不同等级的客舱，通常分为头等舱、商务舱、特别经济舱和经济舱。如果价格是购买的最终标准，那么只会有一种级别的机票：最便宜的。

尽管有确凿的证据表明事实并非如此，我们还是经常会遇到一些人，他们似乎认定，人们最终只会根据价格购买产品或服务。所以，如果他们想获得客户，售出他们的产品和服务，价格是最重要的因素。实际上，只有当顾客认为他们想购买的产品或服务在各个方面都不相上下的时候，价格才变得最重要。当所有条件都相同时，价格差别就突显出来。其实，产品差异化的不足才往往成为企业在价格上受到挤压的原因。

不可否认，价格是决定购买意愿的一个重要标杆。这是一个简单的财力问题。个人或企业都会受到一定支付能力的限制。可能是因为预算分配问题，或只是支付能力问题。

在考虑购买成本时，除了价格，还要考虑购买所需的总体开支。例如，在完成新产品安装使用的同时，旧产品的卸载或移除还可能需要一笔开支。如果需要对员工重新培训，那也是一项支出。持有该产品还可能需要诸如存储或维护等费用的支出。还要考虑任何必要的后续采购，例如，汽车需要加汽油，打印机需要更换墨盒，手机有月租费。

尽管价格和持有成本是影响购买决策的重要因素，其他一些因素也很重要。企业如果能认识到这些要素，在向客户交付产品时，能为他们提供解决的方案，就会减少企业在价格上所承受的压力。

将风险降到最低是一个至关重要的考虑因素。没有人希望购买一份无法获得理赔的保单，或者是一辆频繁出现故障的汽车，又或者是一种不合适、不好用的软件平台。因此，信誉在任何购买决策中，都扮演着相当重要的角色。人们愿意为被广泛认为值得信赖和可靠的产品或服务支付更高的价格。良好的业内评价、质量证明书与其他任何能证明某项产品可信度的社会认同，都可能对顾客的购买决策产生重大的影响。

这是知名品牌可以提供的可交付成果之一。一个品牌产品或服务若能保持其良好的品牌标准，就能赢得客户的信任并使购买风险降到最低。知名度还能让客户感到舒适和放心，这也是人们通常愿意为他们所认可的品牌花更多钱的原因。

在做购买的决定时，情感也起着很大的作用。正如彼得·诺埃尔·默里（Peter Noel Murray）所指出的那样："在几乎所有的决定中，情感是一种必要的内因。"当我们要做决定时，来自从前相关经历的情感将影响我们对于选项的价值判断。这些情感产生的偏好，会影响我们做出的决定，其中当然也包括个人或企业面对风险（害怕失败）、野心、愿望或梦想的情感。

购买行为的产生往往是为了唤起人们的某种情感体验。例如，在水疗中心度过一天被服务和关照的感受；购买昂贵手表或汽车使自己有时尚、成功以及举足轻重之感；或是企业为员工提供最新款手机，使员工感受到自己为之工作的企业的强大，认为企业是市场的领军者。

当一个产品能给潜在客户传递良好的感觉时，客户就不会太在意价格。这也正是投资品牌的商业意义所在。相对于不知名的竞争对手，人们会更乐意为一个通常能更好地传递情感的品牌支付更高的价格。例如，一双不知名的运动鞋能像耐克一样传递出胜者的感觉吗？

便利性是另一个对购买决定起着重大影响的因素。任何能少花时间和精力的便利，都有可能对买家产生极大的影响。从一款不需要费功夫学习就能使用的软件产品，到送货上门而不需要客户取件的外卖，买家往往愿意为省时省力支付更多的费用。

所有这些都意味着，人们购买某一件商品是根据"价值"（即商品提供给他们的东西与他们在购买时所付出的成本之比），而非仅仅根据价格。正如沃伦·巴菲特（Warren Buffet）所说，"价格是您所付出的，价值是您所获得的"。当然，不同的人可能会有不同的价值观念，这就是细分市场和目标市场的选择如此重要的原因。

例如，一个度假预算有限的家庭，旅行时就可能不会选择商务舱。与假期的其余时间相比，在飞机上花费的时间相对较短，他们更可能愿意搭乘经济舱前往目的地，省下更多的钱花在旅馆住宿和其他活动上。与此相反，对于需要长途飞行去参加一个短时间的商务会议的人，他们主要考虑的是尽力为参会做好准备。对他们来说，能在飞机上睡得好、吃得好还有舒适的工作空间，商务舱机票是极具价值的选择。

把合适的价值递交给合适的购买者，是商业成功的关键。产品的所有属性对于所有客户来说，并非同等重要。虽然能够在飞机上睡觉对于个人出差旅行至关重要，但对于一个打算尽可能多地观看影片的家庭来说，这甚至可能不是他们要考虑的一个因素。了解买家动机，是企业市场营销在全方位取得成功的关键。

这个例子还凸显了客户对价值看法的另一种动态因素变化。如果某项支出占可用预算的很大一部分，那么，寻找一种折中的方案将变得更为重要。所以，顾客所得到的价值必须比他们在购买中所花费的资源要高。因此，尽管这个家庭负担得起商务舱的费用，但这样做将花费他们很大一部分的假期预算。这将导致他们不得不减少在目的地的餐饮和活动的支出。就价值而言，这种牺牲并不值得。而另一种情况是，如果这个家庭有更充足的假期预算，商务舱机票占预算的比例并不太高，对其他支出的影响要小得多，那么，他们对商务舱价值的看法就可能会改变。

在价格不变的情况下，价值是相对的。客户对产品提供何种价值的印象，可以被其他一些因素改变。一个很好的例子就是购买会在什么场合下发生。一个小贩推着一辆装满冰激凌的小车在叫卖，他的要价也许是这种冰激凌正常价格的三倍。如果这个售货员在夏天把小车推到海滩上，许多人可能会很乐意地以这种价格去买他的冰激凌。在炎热的天气里，当海滩离周边其他可购买冰激凌的地点较远时，冰激凌的相对价值就会上升。在一个凉爽得多的日子里，卖家就会发现在海滩步道上散步的人，没几个人愿意买他的冰激凌。即使价格不变，温度和环境的变化也会改变人们对价值的看法。

在这种背景下，随着购买场合的变化，人们对"公平"或"合理"价格的看法也会随之改变。人们通常对应该付多少钱心里都有数。无论这是一个合理的估计或者完全是出于猜测，这种参照标准都将改变一个潜在的客户对于他的购买是否有价值的印象。网络调研、朋友聊天或其他情况都可能成为这个参照标准的依据。举个例子，如果有人花200美元买一副耳机与价格200美元的手机一起使用，那么一副200美元的耳机就显得太过昂贵了。这并不是说耳机本身不值200美元，而是因为耳机只是主产品的附件，相对而言，这样的价格就显得高了。

但是，当买家购买奢侈品或独家专卖商品时，较高的价格是其产品价值主张的一部分。

购买这些物品是为了给买家带来身份和优越感。正是由于相对较高的价格，使得这件物品传递出了这份价值。当然，还有一个负担能力的问题。所以，企业必须了解其目标市场，知道在哪种背景下，人们可能对价格比较不在意。

市场上供应商的数量以及买家对于他们有多少选择的认识，也会影响买家对价值的看法。可供选择的产品越多，客户在某一产品上感受到的价值就越低。当产品都大同小异时尤其如此。正如本章一开始所提到的，剩下的唯一区别因素就是产品的价格。

相反，买家的选择越少，就越难在不同产品间做比较，潜在客户就越有可能看到受到推荐的产品的价值。一家真正与众不同、把自己和竞争对手的差异体现得淋漓尽致的企业，就能面临较小的价格压力，因为它会被认为能够提供更多的价值。

这可以通过推出一款独有的产品，或者通过市场细分和针对目标受众来实现。一家公司的与众不同之处可能并不在于它做了什么，而在于它为什么样的客户创造了什么样的价值，从而避免了以价格成为顾客购买的最重要标准的陷阱。

错觉八

定价策略就是考虑如何收取
尽可能高的金额

错觉八
定价策略就是考虑如何收取尽可能高的金额

营收方式是企业必须仔细斟酌的事项之一。例如，企业可能会有一个直接对其销售的商品和服务进行收费的系统，而且这方面也有各种各样的做法。这笔款项可以是简单的一次性交付，也可以通过租赁、收取佣金或服务签约等一系列其他方式支付。

必须认真考虑那些可选择的付款方式。哈佛商学院教授约翰·T.古维尔（John T. Gourville）和香港科技大学教授迪利普·索曼（Dilip Soman）进行的研究表明，企业的收费方式能够对消费和客户的去留产生影响。例如，如果向健身房的顾客每月收取100美元，而不是一开始就交满一年1200美元的费用，会更有可能留住他们。尽管在开始的时候，被预先收取全额费用的顾客到健身房的次数可能会比较频繁，但是随着时间的推移，他们对健身房的使用量就可能会减少。

一般而言，人们倾向于在付款后的近期内进行消费。因此，分期付费的客户比较能坚持去健身房，也更可能会续签会员资格。反之，如果企业希望顾客减少消费，那么最好向他们一次性收取一大笔费用。例如，假设人们来到一个热闹的主题公园，一次购买5张门票，每天使用一张，每张50美元，共支付250美元，预计他们每天都会去。然而，如果公园售卖的是五天250美元的通票，人们则更有可能跳过其中一天，去做其他事情。

企业也可以选择一种不直接收费的方式。媒体公司通常使用一种广告模式，即通过为一些公司做广告来获得其自身的大部分收入，有时甚至是其自身的全部收入。报纸、杂志、广播和电视网络就是典型的例子，谷歌、Facebook和Twitter等网络公司也是如此运营的。

　　许多网络公司都采取"免费增值"模式，即软件、游戏或内容等基本产品或服务可以免费使用。但用户如果想进一步升级，使用其他的附加功能或相关服务，则需另外付费。

　　企业在做定价时，也要同样重视那些它所要达到的目标。当一家企业由于技术创新而在市场上拥有竞争优势时，它就可以使用"撇脂定价"。新产品上市之初，一般针对追求新奇的人群。过去的一些创新产品，如数码手表、DVD播放器和智能手机等都是如此。通过制定高位的价格，企业不需要很高的销售额就能实现收支平衡。"撇脂定价"可以回收一些产品开发中投入的成本。随着相同的跟风产品不可避免地进入市场，该类产品就会变得更加普及。这种定价策略通常是不可持续的，最终还须做出相应的调整。

　　"促销定价"是指以低价销售产品。这是零售商、电商和超市为了抢占市场份额而经常采用的策略。通常是以成本价，甚至低于成本价的价格吸引顾客光顾商店或网站。这样做的目的是拉动其他利润丰厚的商品的销售。

　　同样，"渗透定价"也是获取市场份额的一种方式，即故意压低商品或服务的价格来吸引顾客，企业在取得一定的市场份额后，很可能就会提价。市场新进者经常使用这种手法。在公用事业公司和宽带提供商那里，这种例子比比皆是，它们常常利用"渗透定价"鼓励人们更换原有的供应商。

　　为了使利润最大化，许多企业都会有不少的营收管理策略，这些策略并不一定意味着产品要有统一的价格。"价格歧视"是指将同一产品根据不同细分市场制定出不同的价格。例如，同一产品对成人和儿童制定不同的价格。

　　"价格歧视"区分客户，而"动态定价"则可以使一些企业在相

错觉八
定价策略就是考虑如何收取尽可能高的金额

同的情况下，根据需求的不同，向同一个客户以不同的价格销售同一产品。就"价格歧视"而言，价格是静态的，是预先设定的。而"动态定价"则用于对需求变化进行管理，通过在整个销售周期对价格进行技术性调整，以实现利润的最大化。

航空领域最早采用"动态定价"。"动态定价"的想法普遍被认为要归功于美国航空前总裁兼董事长罗伯特·克兰德尔（Robert Crandall）。如今，运营商可以使用高级软件来预测需求并据此优化价格和库存。它们可以对不太可能售罄的航班提供较低的价格以增加需求，而在需求旺盛时以较高的价格来获利。"收益管理"就是在高峰时期，通过提高价格来进一步改善收益的方式。

还有一点也同样重要，当企业提供多种服务产品时，要确保"产品线定价"的合理性，这样客户就可以看清不同选择中的价值。例如，洗车服务越周到，费用就会越高。所以，从简单的外部清洗到外部清洗和内部真空清洗，再到外部清洗加手工抛光蜡和内部清洁，收费自然越来越高。当涉及产品定价时，许多企业都有各种不同的技巧。

航空公司和酒店广泛使用的一种方法是"可选产品定价"。公司对基本产品（例如机票）以相对较低的价格提供，对可选的附加服务则增加费用。航空公司的典型例子包括：优先选座、允许行李超额、额外的食品和饮料等。

类似的方法还有"附属产品定价"。同样的，这种定价方式对最初的核心产品定价相对较低，而对后续的"附属产品"则定价较高。有很多这样的例子，例如，公司会以低价销售打印机，再对其打印墨盒收取较高的费用。

"产品捆绑定价"，即企业将数种产品组合成一套，整套购买比单独各个购买要便宜，这是让客户多花钱的另一种技巧。这样的例

065

子很多，比如餐馆的超值套餐，购买新车的不同配置套餐，以及观看Netflix等娱乐公司的影视套餐等。

在这些定价技巧中，有一些开始转向了"心理定价"领域，即利用人类心理学知识，使企业产品和价格让买家看起来极具吸引力。比如，"产品捆绑定价"通常就能诱导客户多消费，因为对顾客而言，他们更方便将产品进行一次性升级，而不必为购买许多单个产品多费心思。

特价商品通常会让人买得更多，因为它们会让人们觉得得了便宜。赠送"免费"物品通常效果很好，因为人们会普遍高估"免费"的好处。

"免费提供"的例子很多，例如购买咖啡免费赠送的饼干、购买超过20美元即可免费送货，当然还有著名的BOGOF（Buy One Get One Free）——"买一送一"方式。

在设定"产品线价格"时，"心理价位"会产生很大的影响。例如，"锚定"一词是用来描述人们在做决定时，会依赖第一个信息的倾向。因此，如果第一次提供的价格是125美元，那么，突然降价为75美元的一顿饭就显得物有所值了。同样的，如果顾客第一次看上的连衣裙是700美元，当它降为300美元时就会很吸引人。

设定产品线价格时，前后关系也很重要。丹·艾瑞里（Dan Ariely）在他的《可预测的非理性》（*Predictably Irrational*）一书的开头，就描述了为什么《经济学人》杂志有三种不同的订阅单：

1. 网络版——59美元。
2. 印刷版——125美元。
3. 印刷版加网络版——125美元。

乍一看，中间这个报价是多余的。如果你要订阅印刷版，你也

错觉八
定价策略就是考虑如何收取尽可能高的金额

可以选择印刷版加网络版，价格相同。当丹·艾瑞里向麻省理工学院的斯隆管理学院（Sloan School of Management）的 100 名学生提供这些选项时，84 名学生选择了选项三。

但是，当他拿掉了选项二之后，68 名学生选择了仅使用网络版这一选项，只有 32 名学生选择了印刷版加网络版。所有事情都是相互关联的，第二个"多余报价"让选项三看起来更具价值，它存在的唯一目的就是让客户多掏钱。

也许最著名的心理定价技巧是"尾数定价"。好比说，一件商品标价 7.99 美元而不是 8.00 美元。这样做有两个原因。首先，存在所谓的左位数效应。我们从左到右扫描数字，7 比 8 小。从心理上说，我们即刻的反应是，7.99 美元明显少于 8.00 美元。当然，当我们经过理性思考后，我们会意识到这种差异是没有意义的，但是，第一感觉的作用举足轻重。

其次，数字 9 对我们也产生影响。从扎根在我们内心深处的文化习惯上，我们已经把数字 9 与讨价还价和成交联系在一起。在麻省理工学院的邓肯·西梅斯特（Duncan Simester）和芝加哥大学的埃里克·安德森（Eric Anderson）进行的一项实验中，一家邮购公司印制了不同版本的商品目录。对同一款女装，有三种不同的定价，分别为：44 美元、39 美元和 34 美元。令人惊讶的是，那款定价为 39 美元的销量不仅超过了 44 美元的销量，还超过了 34 美元的销量。威廉·庞德斯通（William Poundstone）在其著作《无价》（*Priceless*）一书中说到，与整数价格相比，尾数定价使销售额平均增加了 24%。

"声望定价"的作用恰恰与此相反。这是通过保持商品高价位以使产品显得昂贵与独特的策略。这种策略通常被用于奢侈品，如香水、高端时装以及某些品牌的汽车和手表。这些物品通常是为了让购买者在情感上能产生自我放纵、成功、重要或高人一等的感觉。根据莫妮卡·瓦德瓦（Monica Wadhwa）和张匡杰（Kuangjie Zhang）为《消费者研究杂志》所进行的研究表明，这些基于情感的购买，用整数价格会更有吸引力。因为这种客户群在购买时较少依赖感觉过程，只要"感觉对了"就行。

这又回到了市场定位和定价的概念。如果一种产品的市场定位是奢侈品，那它就需要用较高的价格来实现这一承诺。而在另一方面，如果一家企业的市场定位是坚持为客户提供优质的价值，那么这样的价格必须被认为是合情合理的，否则其对客户的消费主张就会瓦解。

就市场定位而言，企业在考虑价格时，还应评估竞争对手的收费。例如，如果企业的市场定位是提供最豪华的产品，那么在强化这个概念上，它可能需要投入的费用最多。同样，在销售知识和专业技能时，与竞争对手相比，定价过低不仅不会让客户认为这是一笔好的交易，反而会让客户产生该企业不如其他供应商的感觉。定价时必须谨慎考虑价位对客户感觉上的影响。因此，定价策略不仅仅是考虑得到客户愿意支付的最高金额。要确定合适的价格，还是有很多方面的因素需要加以考虑的。

错觉九

品牌的目的就是打造品牌意识

错觉九
品牌的目的就是打造品牌意识

品牌意识指的是一个品牌在市场上的知名度。品牌意识有两种不同的类型：品牌识别和品牌回忆。品牌识别是指人们在接触某个品牌时，有识别该品牌的能力；品牌回忆是指消费者在想到某一特定类别的商品或服务时，在没有任何提示的情况下，能够想到的品牌名称。

当顾客面临选择时，品牌识别是最重要的。例如，当顾客逛超市时，在某个特定类别中，他们会看到自己认识的品牌，如牙膏或洗衣粉。在这种情况下，他们很可能会被他们熟悉的产品所吸引。同样，当人们在网上搜索特定的产品或服务时，他们倾向于点击他们听说过的公司的链接。

当顾客不是在面对选择的情况下，品牌回忆也很重要。例如，当有人自愿出去为办公室的其他同事购买小吃时，一个同事可能会让他帮买一个士力架，这就是品牌回忆。品牌回忆的终极目标是成为人们"头脑中能立刻想到的东西"，即人们在某一类别产品中想到的第一个品牌。因此，如果需要购买一双运动鞋，那么购买者可能会直接进入耐克网站，因为它是第一个跃入脑海中的品牌。

品牌意识是购买的先决条件。如果人们不知道一家公司、品牌或产品的存在，那么他们将无法进行购买。任何产品都必须得到人们的关注，无论它是或不是名牌，否则就难以生存。尽管品牌意识至关重要，但它并不是创立品牌的原因。

有趣的是，"建立品牌"的概念由来已久。古埃及人通过在牛的皮毛上烙印一个独特的标志，以此来区别它们属于不同的主人。事实上，英语中的"品牌"（Brand）一词来自北欧单词 brandr，指的是在斯堪的那维亚半岛的牛主们,把标志烙在牛身上的做法。

因此,从历史上我们可以看到,品牌的第一个功能就是区分商品。虽然对于牛的主人来说,这是一种有效的识别方式,但对于个顾客来说,仅仅依靠一个简单的符号、名称或标识,还不足以使他分辨不同的产品。

假设有两罐看起来相似的草莓酱被并排摆放在一起,盖子上还可能各自标有一个不同的、顾客也看不明白的符号,那么,这两个符号就没有任何意义。从技术上讲,由于它们看起来有所不同,因此可以区分它们。但是,这种区别是无关紧要的,因为它并不能提供任何更有意义的会影响购买选择的信息。

从客户的角度来看,一个符号、名称或标识本身,必须能传递出某种意思对他们才有用。当然,一个符号、名称或标识可以通过暗示产品的某种特性来创造意义。用一个大大的笑脸作为标识的果酱,表达了让人们感到快乐的意思,即使你以前没有听说过这个品牌,也能明白它的意思。

当品牌最初被用于销售商品时,它确实在商品之间提供了一些有用的区别。贵重金属、纺织品、陶器、油和酒等此类商品,通常都有特定的标记以显示原料的来源。这也是质量控制的一种形式。

在中世纪,欧洲的商会普遍使用商标作为对商品质量的保证,以此来防止假冒商品。今天,有些商品标签就是为了起这种作用。例如,任何命名为苏格兰威士忌的酒都会立即让购买者知道,该产品是苏格兰的某家酿酒厂用水和麦芽酿造而成的。由于苏格兰在生产威士忌方面享有盛誉,这个标识代表了该产品具有某种品质的保证。

从历史上来看,品牌的建立取得了两个成果:一是品牌使公司和购买者能够区分不同的产品;二是品牌成为信任的象征,因为它能够提供有关商品产地和质量的信息。当然,时至今日,品牌仍然

错觉九
品牌的目的就是打造品牌意识

能起到这些作用。消费者愿意为了一个品牌花更多钱的原因之一，是它降低了购买风险。知名品牌能让买家相信，他们可以放心地得到自己想要的东西。

我们今天所理解的现代品牌的设立，起源于 19 世纪下半叶。在此之前，那些依赖本地零售商的购买者对产品制造商一无所知。工业革命推动了商品的大规模生产以及更便利的交通运输，为企业提供了扩大规模、向更多客户销售商品的机会。随着越来越多产品的出现，制造商让自己的产品与众不同就变得越来越重要。

为了销售产品，许多公司开始使用与众不同的产品外包装，并通过令人动情难忘的广告来达到这一目的。较早的例子是桂格燕麦。1877 年，桂格燕麦成为早餐麦片的第一个商标。商标上是一个穿着贵格会服装的男人形象，既为麦片赋予了个性，又彰显了品牌的品质与可靠。

20 世纪 20 年代，爱德华·伯奈斯（Edward Bernays）著述颇丰，1928 年出版的《宣传》(*Propaganda*) 一书是他的巅峰之作。应该指出的是，当纳粹政权在德国如此有效地使用宣传手段时，"宣传"一词就与负面意义联系在一起了。但在 1928 年，情况并非如此。在他的书中，伯奈斯认为，通过将产品与思想联系起来的方式，可以改变人们的行为举止。

这一观点在伯奈斯的另一部出版于 1955 年的《共识操纵法》(*The Engineering of Consent*) 一书中得到了进一步的论述。书中表达了一种观点，即人的动机和内在欲望存在于人的潜意识中。通过对这些欲望的了解，公司可以改善其销售策略。这个概念极具影响力，当然也影响了营销和传播领域的专业人士。如今，我们已经习惯了那些触动情感的品牌。例如，沃尔沃代表安全性，迪斯尼带来魔法，耐克激励成功。

1931年5月13日，在宝洁公司（Procter & Gamble Company）工作的尼尔·麦克尔罗伊（Neil McElroy）给他的老板发了一份备忘录，说明他在促销部门需要增加两名员工的理由。该备忘录被普遍认为开创了品牌管理的新原则，即由品牌经理带领一个团队，负责该种产品的成功问世。这改变了传统上根据业务功能安排职位的做法。这种做法后来被许多公司所效仿。

第二次世界大战后的经济繁荣，加上电视的黄金时代，形成了我们现在所熟悉的品牌建设方式。随着客户选择的增加以及各种品牌都有接触大批受众的能力，品牌传播的方式变得更加成熟完善。

1955年，伯利·加德纳（Burleigh Gardner）和西德尼·利维（Sidney Levy）在《哈佛商业评论》上合作发表了一篇影响深远的文章，阐述了有关品牌形象的概念。在一个许多品牌所宣称的东西都大同小异的时代，他们看到了"将产品与品牌个性打造为统一且具有连贯意义"的重要性。

这个想法很快被许多人采用，其中包括广告业最重要的人物之一大卫·奥格威（David Ogilvy），他采纳了他们对"品牌个性进行长期投资"的建议。

通过对品牌设立发展演变的理解，我们可以看到品牌在功能上的三个目标。首先，它将一种产品或服务与另一种产品或服务区别开来。其次，它是一个信任标记，使消费者对其产品的质量放心。最后，它为无生命的事物创造了个性，赋予其生命力，使其与受众建立起情感联系，令其更受到顾客的欢迎。

要实现这些特定目标，客户必须有该品牌的意识。但是，意识本身并非目的之一。当然，所有的一切必须能促进销售额的提升，这是任何商业企业都试图实现的终极目标。

有趣的是，只有从消费者的角度来看待品牌，品牌的真正力量

错觉九
品牌的目的就是打造品牌意识

才能得到赏识。如今,在大多数产品或服务项目中,客户都有太多的选择。在购买时,许多花费都是源自认知方面的;也就是说,顾客需要投入研究、思考和选择的时间。人们会努力降低购买的风险,这是理所当然的。例如,与选择卫生纸相比,一个人在选择房子或汽车时,可能会花更多的时间,因为犯错的风险是截然不同的。

然而,认知经济学告诉我们,任何购买者的信息处理能力都是有限的。这导致客户经常选择更方便购买的产品,而不是可能最适合他们的产品。例如,在超市购物时,货架上摆满了各种各样的汤料产品,这使购物者不胜其烦,他们通常会直接去寻找他们所熟悉的品牌,如金宝汤(Campbell's)或亨氏(Heinz)。同样,如果要买汽车,购买者可能会从几个他们所熟悉的品牌开始挑选。

换句话说,品牌不是为了建立意识而存在的,然而,如果消费者对该品牌一无所知,任何报价对他们来说都是毫无意义的。在这个选择众多而时间稀少的时代,品牌是一条捷径,可以确保消费者在满足他们需求的同时,又得到他们认为符合要求的、可靠的东西。简而言之,品牌最终的目的是方便消费者的购买。

错觉十

每家企业都是一个品牌

错觉十
每家企业都是一个品牌

英国市场营销特许学会对品牌的定义是:"某个产品或服务的一套物质属性,以及它所被寄予的信任和期望——在这种独特的组合中,产品或服务的名称或标识可以达到触动受众的效果。"

将这个定义拆解开来,我们就可以很容易地理解品牌所包含的几个不同方面。物质属性可以指产品本身的外观和它带给人们的感觉,比如大众甲壳虫。包装也可以是产品的品牌,比如可口可乐的玻璃瓶。物质属性还包括人们期望从产品中获得的各种实实在在的利益。例如,英国的普瑞米尔酒店(Premier Inn)就提出夜间睡眠保障的承诺。如果你晚上睡不好觉,可以要求退钱。

信任和期望是品牌的价值,这种价值来自人们对该品牌的情感。例如,就像"Innocent Drinks"(直译为"天真饮料")这样的名称会让你感到,该公司生产的冰沙和其他饮品不会对你的健康有害。商家在网站声明,它们的冰沙是用最好的水果制作而成的,而且从不添加糖或色素。Innocent Drinks 在 1999 年成立时,宣称自己的使命是"帮助人们更好地善待自己",并声称,其提供的是"天然可口的饮料,帮助人们活得更好,更健康长寿"。

关于品牌信任的另一个例子是多芬(Dove)所宣称的使命:"确保下一代人在对自己外表的自我欣赏中成长——帮助年轻人提升自尊,充分发挥他们的潜力。"与该使命宣言同步而行的还有多芬"真正美丽"运动,其目的是赞美所有不同类型的女性,以此挑战传统媒体对于女性之美老旧刻板的定义。

很多品牌在营销传播中使用了纯粹的情感策略。宝洁公司的"感谢母亲"活动对父母和孩子都是一个深刻而敏感的触动,让我们想到母亲在生活中所扮演的关键角色。当然，这句话的潜台词是，宝洁产品在母亲生活中发挥了重要的作用。帮宝适（Pampers）等各类尿布片，汰渍（Tide）等其他洗涤剂，还有佳洁士（Crest）一类的牙膏，都是家庭必需品。

情感策略的运用并不只限于企业对消费者的营销传播。思科系统（Cisco System，企业网络产品的全球领先供应商）就是企业与企业之间品牌运作的一个很好的例子，该品牌正是利用情感因素来巩固其市场领导者的地位。例如，思科在2014年万物互联网的商业广告，就是通过一个小女孩给她的猫喝奶的叙事手法，展示技术是如何改变世界的，同时也将思科定位在这一改变的核心。

产品或服务的"物质属性，以及它所被寄予的信任和期望"的结合，才能使得一个品牌独一无二。换句话说，重要的不仅是一家公司做了什么，或者怎么做，它还必须和与之相关的价值和情感结合起来，共同创造出一个有别于市场上其他公司的产品。

苹果并不是唯一的制造媒体设备的公司，劳力士不是唯一的豪华手表制造商，麦肯锡也不是世界上唯一的管理咨询公司。正是它们将物质属性和交付方式相结合的做法，加上人们对这些品牌寄予的信任和期望，才赋予了它们各自独特的身份。

归根到底，品牌的名称与标识，或二者一起，应该能够被认出并很快在消费者心目中唤起某些特定的属性、信任和期望。消费者只要看到麦当劳的金色拱门、耐克的对勾和字母IBM时，就能立马知道它们是什么。

一种普遍的误解是，因为几乎每家企业都有自己的名称，许多企业也都有它们自己的标识，那就自然意味着它们都拥有一个品牌。然而，品牌只有在名称或标识具有意义时才成为品牌；换句话说，看它是否唤起目标受众的某种期望与情感。对于许多中小型企业来说，情况并非如此。即使在它们的目标市场中，它们的名字和标识也不具有什么意义。

我所见过的绝大多数中小企业，从未从战略角度考虑过它们想传递出什么样的情感。当然，大部分企业都希望通过诚信经营，为客户提供良好的服务，但它们并没有通过在产品和客户之间建立情感联系的方式，为自己在市场上开拓出自己独特的地位。

它们的名称和标识不会在它们的潜在客户的脑海中引起任何情感或期望。许多企业受到喜欢、信任和尊重，是因为其拥有者个人的因素，而不是因为其品牌本身。

这导致许多人开始谈论起"个人品牌"这种概念。这一概念被普遍认为是由汤姆·彼得斯（Tom Peters）在1997年《快速公司》杂志上所写的一篇文章提出来的。然而，我认为"个人品牌"的概念完全是荒谬的。

从定义上来说，品牌化就是把一种没有生命的、无特色的产品或服务变成有特色和有意义的东西的过程。而每个人本来就是独一无二的。因此，对一个活生生的人进行品牌塑造的想法本身就是自相矛盾的。

当然，人们如何看待一个人，对他的职业生涯、成就都会有影响。如果他是一家企业的老板，企业的成功与否也会受到影响。因为社交媒体，我们今天都成了公众人物。人们甚至在与我们进行任何个人互动之前，就可以查看我们的LinkedIn、Twitter和Facebook的个人资料并做出他们的评判。

但是，这种现象不应与"品牌"相混淆，这是"声誉"。人们提到迈克尔·乔丹、奥普拉·温弗瑞或嘎嘎小姐（Lady Gaga，欧美流行音乐天后），就像提到伟大的"个人品牌"一样。而事实上，他们受欢迎是因为他们拥有别人喜欢、钦佩或渴望的才能。他们没有通过任何品牌塑造过程来让自己与众不同。他们本身就是出类拔萃的。

当然，他们会有顾问帮助他们塑造视觉方面的形象，有公共关系专家建议他们什么该说，什么不该说。这是为了提高或维护他们的声誉。他们的才华、个性和能力，是使他们与众不同的核心，这些不是来自品牌顾问的创造。

每个人都有一个他们需要小心经营呵护的声誉，因为这关乎他们的成功与否，名人和其他人的区别在于名声呵护方面的程度差别。许多成功的中小企业主都深受人们的尊敬。引导人们与这些企业做生意的不是公司的品牌，而是其领导者的声誉。

一家企业是否需要一个品牌，在很大程度上取决于企业的抱负。那些管理电工、水管工、园丁和建筑工人的小型企业主没有规模和成长的欲望，他们可能不需要有自己的品牌。

当然，他们确实需要的是一个良好的声誉。对于小型会计师事务所、律师事务所和其他服务提供商而言，情况也可能如此。他们中的高管通过个人推荐、互动和自身声誉来吸引客户。一旦企业想要扩大规模，为更多的受众服务，或是改变企业的持续发展仅依赖几个关键人物的状况，这时候它就需要创建自己的品牌。

值得注意的是，有些企业既有知名人士领导，也有自己的品牌。虽然史蒂夫·乔布斯是苹果成功的代名词，因为拥有一个品牌，在他去世多年后公司的发展依然兴旺。同样，比尔·盖茨在 2000 年卸任微软首席执行官后，微软公司依然还在继续运作发展。

创建品牌需要制定战略，以定义企业的精神、产品价值主张、身份、个性和情感。在此之后，需要在这些方面进行投资，以便向企业内部以及外部目标市场传递出这些信息。没有这种战略思考和投资，一家企业就不可能拥有品牌。许多盈利的小企业都是由声誉卓著的成功人士经营的。这些企业中许多都没有自己的品牌，也不一定需要品牌。一家企业并不仅仅因为存在就代表它是一个品牌。

错觉十一

企业之间的交易完全建立在逻辑思维的基础上

错觉十一
企业之间的交易完全建立在逻辑思维的基础上

作为消费者，我们习惯于观看那些专注于情感的视觉传播。无论是耐克发起的"活出你的伟大"的活动，告诉我们每个人都可以成就伟大；还是 UPS 快递通过聚焦一位叫卡森的四岁男孩来表达传递愿望的信息；抑或是百威商业广告中专注于一只幼犬与一匹克莱兹代尔马（Clydesdale horse）之间友谊的故事。大多数这样的促销广告，从理性和合理性方面来看，都无法解释那些我们所购买的无数产品和服务或是我们对许多品牌偏好的原因。

我们一般都认同这些情感信息在企业对消费者营销中所起的作用，但是人们普遍认为，在企业之间的购买中，人们纯粹是根据逻辑或理性来进行交易的。这种假设没有考虑到的是，尽管情况可能有所不同，但是人类并不会因为自己身处商业的环境中而有根本上的改变。

这一观点也得到赫伯特·西蒙（Herbert Simon）的认可，他的"有限理性"（Bounded Rationality）理论提出了这样一个论点，即由于三个缺失的标准，个人在任何情况下都不可能做出真正理性的决定。他解释说："首先，决策者需要了解所有可能的选择。其次，他们必须了解各种不同选择的后果。最后，他们必须能够预测这些不同后果所带来的各自的相对价值。"

人类不仅缺乏所有必要的信息，而且就算有，西蒙也质疑人类是否拥有处理这些信息的认知能力。他接着指出："解决现实世界的复杂问题需要客观理性的行为，或基本接近客观理性的行为；与现实世界问题的复杂性相比，人类的思考和解决复杂问题的能力是非常有限的。"西蒙的建议是，对决策者而言，与其试图获得最佳结果，还不如尝试获得较好或"足够满意"的结果——这是他创造的一个词，混合了"满足"和"足够"二词的意思。西蒙认为，虽然不可能获得最佳结果，但个人可以通过使用相对简单的启发式方法或经验法则做出决策，从而获得"足够满意"的结果。

西蒙指出，阿莫斯·特维尔斯基（Amos Tversky）和丹尼尔·卡尼曼（Daniel Kahneman）两人在1974年合著的《不确定状况下的判断》（*Judgement under Uncertainty*）一文中强调，正是这种启发式方法，才导致人们认知上的偏差。他们在文中解释说，"人们依靠有限的启发式原理，将评估概率和预测值的复杂任务简化成简单的判断操作。通常，这些启发式方法很有效，但有时也会导致严重的系统性错误"。这些启发式方法会促使人们做出不可靠的判断。这证明了人类不是纯粹的理性行为者。丹尼尔·卡尼曼在其2011年的著作《思考，快与慢》（*Thinking, Fast and Slow*）一书中分享了他的许多研究成果。在该书中，卡尼曼解释了人类如何具有系统一和系统二这两种思维模式。

系统一的思维是快速的、本能的、潜意识的，而系统二则较为缓慢、有理性、有意识、需要花费脑力。卡尼曼指出，值得注意的是，大多数决定是由系统一做出的："思考之于人类，就像游泳之于猫一样；它们可以做到，但它们不愿意去做。"通常情况下，有意识的头脑只是将已经做出的决定合理化。这就给我们造成了这样的印象，即我们的大多数判断都是合乎逻辑和理性的，然而事实并非如此。正如社会心理学家乔纳森·海特（Jonathan Haidt）解释的那样，"理性上，我们认为这就是总统办公室，而实际上它只是白宫的新闻办公室"。

那么，这种解释是怎么应用在消费者身上的呢？哈佛大学商学院教授杰拉尔德·扎尔特曼（Gerald Zaltman）指出，我们95%的购

> 错觉十一
> 企业之间的交易完全建立在逻辑思维的基础上

买决定都是在潜意识下做出的。这就使得情感因素至关重要。这并不是说潜意识本身就是情感，而是说，潜意识是情感与意识进行交流的方式。这些发现来自神经学家安东尼奥·达马西奥（Antonio Damasio）的研究。他的"躯体标记假说"表明，人们需要经过情感反应才能做出明智的决定。达马西奥在其1994年的著作《笛卡尔的错误》（Descartes' Error）一书中，展示了推理能力强，但情感处理能力受损的人，为何难以做出决策。正如达马西奥自己所说的那样，"我们不是思考的机器。我们是会思考的感情机器"。

人类通过认知对信息进行处理和掌握的方式，并不会因为身处企业环境中而改变。如果经过情感所唤起的潜意识是做出决定的主要驱动力，那么企业之间的交易以及企业与消费者之间的交易就没有区别。对于企业而言，在进行产品或服务交易时忽视购买者的情感因素，就等同于对会影响结果的主要因素的无视。

实际上，人们可能会争辩说，如今在企业之间的交易中，情感的决定因素起着更大的作用。在当前企业间交易的大环境下，交易准则变得更加健全，采购团队如今可以对交易的所有要素进行合理化和量化。现在，满足买家的苛刻要求，甚至成为对供应商的一种最低要求。因此，许多企业发现，采购过程越来越多地以其产品与服务的商品化为结果。这种差异化的缺失只会更加凸显出情感因素在购买决策中的重要性。

在《哈佛商业评论》一篇题为《B2B的价值要素》的文章中，作者埃里克·阿尔姆奎斯特（Eric Almquist）、杰米·克莱格霍恩（Jamie Cleghorn）和洛里·舍勒（Lori Sherer）指出，购买过程中除了预期的逻辑和量化的标准，情感方面的考虑也会影响决定过程，例如，产品是否能使买方的声誉得到提升或减少他们的担忧。在表现差异化的争夺战里，他们发现，主观情感一类的因素，诸如文化契合度和卖方对客户的承诺，正变得越来越重要。

事实上，需要重视的还不仅仅是这些影响交易的情感因素。美国高德纳咨询公司与谷歌合作进行的一项研究表明，个人价值的体现（例如职业发展、声望、自信和自豪感）对购买者的影响是商业价值的两倍。此外，研究表明，只要能体现个人价值，购买者愿意支付更高的价钱购买同类产品的可能性，要比正常情况高出七倍以上。

这项研究还显示，与企业和消费者之间的交易相比，企业之间的交易中有更多的客户是出于情感上的原因，选择其所购买产品的企业。从情感方面来说，企业之间交易失败的风险要高得多，因此客户在采购过程中所投入的情感比重更高。与大多数的个人购买相比，许多负面的事情，例如经营业绩不善、经济损失或个人声誉受损，造成的伤害可能更严重。这些研究结果与丹尼尔·卡尼曼和阿莫斯·特维尔斯基所提出的"前景理论"相符合。该理论认为，与可能获得的收益相比，人们对潜在的损失更为在意和敏感。

无论商业决策是由一个人在企业内部或是由多人组成的决策部门做出的，其中的个人情感因素都是确实存在的。早在20世纪60年代，诺贝尔经济学奖得主奥利弗·E.威廉姆森（Oliver E. Williamson）就用他的"经理自主裁量权"（Managerial Discretion）模型，展示了人们在个人优先权与他们所在企业利润最大化之间是如何取得平衡的。

有了对人类认知判断方式的理解，就很容易理解情感在企业之间的交易和企业与消费者的交易中，为何同样重要。而且，个人因素也确实会影响那种看似属于纯粹的商业决策。当产品之间缺乏差异化时，这些个人因素就会产生更大的作用。所有这些因素，再加上我们尽可能规避风险的心态，以及企业之间这种交易背景的高风

错觉十一
企业之间的交易完全建立在逻辑思维的基础上

险，都使情感因素成为企业之间交易决策中的基本组成部分。

就像在企业对消费者的营销模式中一样，在企业之间交易的领域中，企业需要明确并能向客户传递企业的情感销售主张。同样，强有力的叙事等机制，在传递真实信息的同时，也带给客户某种情感体验，并唤起客户的情感。这对于企业间的交易和向消费者提供产品服务，显然都同样至关重要。一个受人尊敬的品牌的力量，能够赋予产品或服务以情感意义，同时也能将其中被觉察到的风险最小化。这点对于企业之间的交易和企业对消费者的市场营销领域中，都一样重要。如果仅仅因为产品面向企业而不是消费者，就忽略了情感因素，那么任何公关努力的效果都会因此大打折扣。

错觉十二

企业间的营销和企业对消费者的营销完全不同

错觉十二
企业间的营销和企业对消费者的营销完全不同

人们普遍认为,企业间(B2B)的营销与企业对消费者(B2C)的营销是完全不同的。虽然许多企业只关注其中一个群体,但也有一些企业同时在为这两个群体服务。例如像航空业中有英国航空、科技行业中有苹果公司以及美国的电信供应商威瑞森等,都有面向企业以及家庭市场提供的产品与服务。

无论面向什么样的客户,市场营销都是通过"目标定位、营销传播和产品价值传递以赢得并留住顾客的过程"。无论买家是以企业为单位还是家庭为单位,这个目标都是一致的。此外,正如我们在"错觉二"中以首字母缩写词"CAVE"定义的那样,"营销组合"在两种情况下都是适用的。

企业必须对它们的潜在客户进行"营销传播"。它们必须确定如何让客户"接纳"他们的产品与服务,需要搭建哪些联络与接触点。企业必须考虑客户购买的价格与成本,考虑客户在拥有和使用过程中的问题,这样才能确保体现产品与服务的"价值"。从产品与服务本身到所提供的任何支持、互动和客户参与,对这些客户"产品体验"的整体过程,都必须进行评估,以确保企业提供的产品具备吸引力。无论企业的运作环境是B2B还是B2C,这些措施都是必须得到落实的。

其他一些市场营销的核心原则,如对举办的活动进行充分的评估、有效地使用数据、确保业务真正以客户为中心以及对购买过程的了解把控,这些对B2B和B2C的营销人员来说,都是一样的。当然,B2B领域的采购过程通常有别于B2C。B2B企业倾向于采用正式流程,因而可能导致成交过程花费更长的时间。这可能要求市场营销部门根据不同的阶段，为了达成交易，对销售线索进行更大程度的培育工作。在 B2B 和 B2C 的营销中，尽管应用的方式有所不同，但对购买过程的理解都是一样的。

同样，与 B2C 相比，B2B 的交易过程通常受到更多的人为因素和决策者的影响。因此，市场部门可能需要针对不同的买家，传递各种表达不同含义的信息。在许多方面，这与 B2C 在产品上吸引各种特定类型消费者的做法没有什么差别。

对 B2B 和 B2C 的营销世界越深入探索，越能看出二者之间明显的相似之处。例如，二者都必须确保了解其经营的市场，并对市场趋势、竞争对手和不断变化的客户需求等因素进行深入思考。

坚持认为 B2B 和 B2C 之间存在差异的人士会指出，B2B 与 B2C 在许多市场营销原则的应用方式上不尽相同。他们认为，虽然企业都必须进行市场细分以找到与自己相关的目标市场，但 B2B 供应商的目标市场往往较小。然而，这样的概括是经不起推敲的。例如，与甲骨文、麦肯锡或思爱普等 B2B 企业相比，服务于当地社区的独立餐馆、发廊或酒吧的目标市场更小。

买方动机是 B2B 买家与消费者之间被特别强调的另一个差异因素。人们通常认为，企业只购买它们的必需品，相比之下，消费者更倾向于购买他们喜欢的产品和服务，哪怕那不是绝对必要的。

实际上，这取决于企业提供什么样的产品与服务。例如，有很多 B2C 的购买被当作是必要的支出，其中包括水电费、保险、食品、住房等——这方面的例子不胜枚举。即使像汽车之类的物品，对于一些购买者而言可能只是一件令其兴奋的、表达随心所欲生活态度的东西，而对于另一些购买者来说，由于他们居住环境的需要，汽车被视为生活的必需品。

同样的，在企业中，虽然会有许多采购被认为是必须的，但也会有其他一些采购属于可选择的。在年终岁末举办大型年会、将办公室重新装修得华丽且时髦、为全体高管预订商务舱机票以及开展团队建设活动等，与这些内容相关的采购一般不被认为是绝对必要的。

事实上，B2B 和 B2C 购买之间的区别更多在于所购产品的类别，至于是企业购买还是消费者购买，并不重要。例如，消费者购买人寿保险的过程与购买牙膏的过程完全不同，但两者都属于消费者产品。此外，在为一个区域办公室选择一个新的饮水机供应商，与企业购买企业资源规划（ERP）软件的决策相比，企业所动用的高层决策者肯定是不一样的。

考虑过这些案例后，显然，按产品类别而不是按 B2B 或 B2C 进行划分来看待市场营销的差异，会更有帮助。例如，还有人认为，B2B 的交易要求有更加详细的产品和服务信息。其实，这是由企业所出售的产品决定的。我怀疑，购买文具的办公室经理在采购时，是否会真的在意这家制造商在白板笔包装盒上的详细信息。此外，一个消费者在计划购买健康保险单时，倒有可能希望能了解到更为详尽的细节。

是否把人员销售作为营销传播渠道也许是 B2B 和 B2C 市场营销之间最大的区别。出于多种原因，B2B 企业也已经被要求通过人员销售来开展销售业务。

通常，B2B 买家会希望有来自供应商的某个人员所做的当面保证。无论是一笔大的交易，还是一项具有战略意义的买卖，或是两者兼而有之，这些买卖都会涉及风险。面对面的沟通交流有助于减少买方心目中对风险的顾虑。在通常的情况下，拥有优质的供应商对于许多企业的生存是至关重要的。总体而言，与那些可以作出长期供货保证的供应商建立可靠的关系，对于 B2B 买方是非常重要的。

人员销售是市场营销中的一个功能（在营销组合中作为营销传播的一部分），但实际上，在大多数企业中，它被作为一个独立的部门单独分离出来。一旦销售部门被作为完成最终交易的主要渠道，就必然会改变市场营销活动的性质。

在面向各类消费者的营销传播中，市场营销注定会影响顾客的购买行为。例如，在饮料、糖果和化妆品等快消品领域，正是市场营销使得消费者将安德烈克斯（Andrex）厕纸放进他们的购物车里。安德烈克斯的厂商金佰利公司（Kimberly-Clark）无须在英国各地的超市，雇佣销售人员来"最终完成"卫生纸的交易。

然而，通常来说，企业间的营销可实现的最佳结果是创建"意识""兴趣"，或是"培养销售线索"。想让企业在不与任何来自供应商的人员会面的情况下，就投入大笔的资金是不现实的。因此，将有采购意向的企业转变为客户的任务就靠销售部门了。这意味着，在企业间交易的领域中，衡量市场营销部门的唯一标准通常是看它能否挖掘销售线索。实际上，市场营销存在的意义，通常只是被简单地视为服务于销售团队。

就是在使用人员销售的情况下，根据产品类别区分其作用，也比生硬套用 B2B 和 B2C 的区分更合适。在传统上，当消费者在购买昂贵商品时，如果感觉在购买中存在很大的风险，或是要求与供应商有一种持久的关系，企业往往也会使用人员销售。例如，消费者在买房子的时候和房地产经纪人打交道，在买车的时候和销售人员互动，在过去一直都是这样。在决定一项投资之前，消费者很可能更需要见的是一个理财顾问。

并且，在今天的数字时代，人员销售与线上销售的区别也正在变得不明显。所有的证据表明，随着在线信息数量的增加，无论是消费者的购买还是企业之间的交易过程，都可以比以前更独立自主

错觉十二
企业间的营销和企业对消费者的营销完全不同

地进行。买家可以利用从网站、各种文章、博客和视频中获取的大量的知识资源,再借助社交平台和论坛上的同行点评、推荐和评论来验证这些信息材料内容的可靠性。

以前,企业通过发表白皮书、独家文章和召开网络研讨会的做法来换取客户电子邮件地址,以便在潜在客户"选择加入"后继而向他们推销产品,这种策略正在变得不那么有效了。有了大量的可用材料,聪明的购买者不想因为提供自己的详细信息后,收到没完没了的促销信息,所以,当他们被要求填写个人信息时,就会干脆地选择换个卖家。

这些趋势带来许多后果。首先,传统上,B2C 和 B2B 企业使用的市场渠道是截然不同的。当 B2C 企业在电视、广播、报纸和消费者杂志上做广告时,B2B 企业会在行业刊物、展会上推销自己,并让销售人员上门推销或打推销电话。当然,它们之间的做法会有一定程度的重叠。一些 B2C 的企业也使用电话推销,也参加生活用品展。一些 B2B 领域的大型跨国企业也同样会在电视上做广告。二者也都同样使用直邮广告。但总体而言,二者之间存在一定的界限。

如今,随着绝大多数企业利用社交媒体、拥有企业网站并发布在线视频,B2C 和 B2B 的营销渠道比以往任何时候都更交叉重叠。随着数字时代的到来,即使是电视,由于其具有个性化和针对特定细分市场的能力,如今对许多 B2B 的品牌来说,也成为比以前更加有效的传播途径。

其次,在以前,B2C 品牌商大多不知道客户的姓名。顾客通过逛商店、与朋友交谈和阅读杂志,自行进行他们的购物之旅。相比之下,在 B2B 领域,潜在客户会很早就向可能合作的供应商引荐自己。在网络出现之前,他们并不能轻易地看到有关商家产品的基本信息。有兴趣的买家要么必须与销售人员见面,要么至少去要一本产品介绍手册。这些行动都会使他们被标记为可以跟进的潜在客户。如今，情况并非如此。在任何可能合作的供应商知道他们之前，企业采购商自己就可以完成几乎整个采购过程，做出几乎所有的购买决定。因此，B2B 的格局越来越接近 B2C。

在 B2C 的时代，企业用来吸引匿名客户的解决方案之一就是建立品牌。品牌意识是消费品商家试图确保它们成为消费者购买对象的方式。这在 B2B 的环境中也变得越来越重要。在 B2C 的时代，市场营销通常以品牌为主导，而在 B2B 的市场中，大多数企业以销售为主导。销售人员直接"破门而入"，搭建人际关系，完成交易。市场营销部门作为协助部门，制作宣传册等宣传品，并负责为销售人员获取更多的销售线索。

由于大多数购买都可以在顾客不需要提供个人信息的情况下完成，消费者对那些销售人员的推销套路，就不会有积极的反应。如今，B2B 的企业也同样要对此现象给以重视。

正如本章所述，企业间的营销与企业对消费者的营销之间存在着很多相似之处。它们之间的区别并不像人们通常认为的那样明显。购买旅程向线上的迁移，不仅意味着 B2B 和 B2C 市场营销之间的差异变得越来越小，而且它们可能会比以往任何时候都更加趋于一致。

错觉十三

有效的市场营销就是举办一系列大型营销活动

错觉十三
有效的市场营销就是举办一系列大型营销活动

在万维网出现之前，市场营销通常是以举办一系列大型活动来进行的。企业必须每次都花钱来吸引它们的潜在客户，这种不间断地在目标受众面前展示自己的方式，远远超出了大多数企业的预算。

为了从它们的付出中获得最大收益，就必须利用一年中适当的时间段，与特定主题或产品结合开展营销传播活动。所以，在1月和2月，当大部分人开始考虑他们的暑期计划的时候，假日旅游公司就会开始发送宣传手册。当人们在新的一年立志健身之际，健身房就会推出各种促销活动，文具供应商也会在孩子们开学前推出季节性优惠，吸引人们到他们的商店购物。

例如，百货公司可能会利用电视广告、平面媒体广告和直邮广告，针对它的圣诞产品展开营销活动。该活动经过精心设计，在圣诞假期前的六个星期就开始进行，旨在吸引进入其网站和店内的人流量，以增加其在圣诞节市场中的份额。我们可以由此情形推断出，大型市场营销活动是一种具有特定主题或重点的，在特定时期内为实现一个或多个既定目标开展的系列活动。

现在，企业仍然出于各种不同的原因在开展大型的营销活动。对于企业来说，每年的某些特定时期，有必要多投入一些资金用于营销传播活动，以便让自己的产品更可能被受众所接纳。企业还可能认为，许多其他方面的活动也同样值得投入资金，例如，新产品或服务的推广、某项促销活动、为合力提高品牌知名度所参与的某项活动或展示会。

虽然企业会在很多情况下开展促销活动，但是这些促销活动已经不像过去那样，作为企业营销传播活动的唯一重点。如今，有

103

88%的消费者和94%的B2B购买者在购买前，都会做某种形式的网络调研。拥有能够吸引客户的"全天候"在线状态，而不仅仅是季节性或专项促销活动，对几乎所有企业来说，都是必不可少的。

就像电视和广播一样，网站、博客、Facebook页面、YouTube频道和Instagram等媒体都各有其特色；它们受不受欢迎取决于所推出的内容。没有人会一直观看重复播放同一节目的电视频道，也没人愿意收听只有一种节目的广播电台。同样的道理，这些在线平台需要不断更新加入新鲜的内容，以保持活力、有趣和吸引人。

既然如此，企业就不能再把它们的营销传播活动局限于全年几个特定时期举办的几场大型活动。

例如，假设某个潜在的客户访问某个网站或Facebook页面，而该页面内容明显已经有一段时间没有更新，他们很可能就会转向其他网站。定期发布内容对于鼓励潜在客户和现有客户保持持续关注至关重要。通过获得持续的关注，公司可以确保在客户准备下单购买时，自己会出现在潜在客户的购买选项之列。网站的常规内容也是搜索引擎优化的关键所在。搜索引擎需要企业提供新材料，才能使其在任何搜索结果中都能排在靠前的位置。

明白这一点，就可以清楚知道，促销不再只是一年中某些固定时间里的活动了。现在，它已经成为一种所有企业需要长期地、不间断地参与的原则。

从某种方面来说，将一项营销活动分为面向"免费赢得的受众"或面向"付费获得的受众"是很有必要的。"免费赢得的受众"是由潜在客户和现有客户组成的，这些客户通过企业制作并发布在网上的有价值的材料发现了这一家企业。这类受众的注意力，正是通过企业提供的有价值的内容，吸引和培养出来的。

"付费获得的受众"对某品牌的意识，是通过企业在LinkedIn和

错觉十三
有效的市场营销就是举办一系列大型营销活动

Facebook等平台上的促销活动、电视和广播上制作的广告以及通过直邮广告发送的优惠宣传获得的。可以肯定的是，广告中使用的内容仍然是以产品价值为导向的。不同之处在于，企业花这种钱是为了确保自己能吸引人们的眼球。企业在为交易的前期"买单"之后，可能还需要培养其在受众那里所获得的认可。在此之后，通过持续的互动来"赢得"潜在的客户。

例如，"超级碗"比赛期间的广告是世界上最昂贵的广告时段。2018年，一则30秒的广告费用为500万美元。由此可以理解，企业希望为它们的投资获得最大的知名度。仅仅为了获得关注，企业就为一个30秒的插播时段花费数百万美元。为了让这笔钱物有所值，企业会利用大部分"付费获得的受众"的关注，来推动他们后期进一步参与活动。正是互联网使之成为可能。

例如，2018年，超过20家企业在"超级碗"比赛之前在网上发布了它们的电视广告。排名前三的广告获得了近3000万的播放量，其中百威的"在你身边"（Stand by You）和亚马逊的智能语音助手"Alexa失声"（Alexa Loses Her Voice）广告的播放量，都分别超过1000万次。

第52届"超级碗"比赛刚过去几个月，Groupon的"谁不愿意呢"（Who Wouldn't）、百威的"在你身边"和百威淡啤的"百骑士"（The Bud Knight）等视频广告在YouTube上就有2000万次播放量，而亚马逊的智能语音助手"Alexa失声"在该平台上有4500万次的播放量。广告商还在Twitter上创建了话题标签（Hashtags）以提高参与度。例如，墨西哥鳄梨（Avovados from Mexico）品牌创建的，标签为#Guacworld（#鳄梨酱世界），在Twitter上就被提及83132次。

应该注意的是，实际上，在"超级碗"比赛中表现出色的所有广告要么非常幽默，要么极其煽情，能从情感上引起人们的共鸣。

105

因此，除了推广品牌，它们还通过其娱乐性来提供"产品价值"。如果它们纯粹是促销信息，没有品牌的内在价值，那么，就算它们购买了世界上最昂贵的电视广告时段，这些企业也根本不可能在网上收获如此多的参与度。

这种混合营销的方法可能非常有效。在当今如此喧嚣的市场环境下，要进行有机渗透并不容易。无论是在电视或广播上投放商业广告、在杂志和报纸上刊登印刷广告或是发送直邮广告，还是花钱在 Facebook、LinkedIn 或 Twitter 等平台上更新内容，企业总会在一些特定的时间，"付费"为其自身打造知名度。对于许多企业来说，大型活动在营销战略中仍然扮演着有用的角色。

现在，人们的注意力已经成为地球上最宝贵的资源之一。生活在一个信息满满的时代，人们的注意力变得越来越稀缺。如果通过使用搜索引擎优化、在适当的媒体渠道发布内容以及社交分享可以"赢得"一定的认可，这些做法将成为市场营销组合的重要组成部分。一旦企业获得了潜在客户或客户的关注，利用自己的媒体渠道让他们建立起常态化的参与，就可以让客户和潜在客户一直记住自己，从而避免了一次次为吸引客户的关注而"付费"的需要。

营销传播对于许多企业来说事关大局。过去，许多企业只是在一年中的某些特殊时段举办一些特定的大型活动。虽然这些活动可能依然起到一定的作用，但如今，由于数字渠道的重要性及其对于内容更新的持续要求，市场营销现在必须成为一种日常持续运作的要素。它不再被视为偶尔为之的事情了。因此，营销传播再也不只是举办一系列大型的活动，而是一项持续不断的工作。在一年中的战略节点上，开展有针对性的营销传播活动，只是这项工作的一部分。

错觉十四

一家成功的企业必须有令人信服的独特销售主张（USP）

错觉十四

一家成功的企业必须有令人信服的独特销售主张（USP）

独特的销售主张（USP）是由罗瑟·瑞夫斯（Rosser Reeves）首创的，当时的他就职于美国一家名为 Ted Bates 的广告公司。在整个 20 世纪 50 年代，瑞夫斯不断发展并完善这一独特销售主张的概念，在 1961 年出版的《广告中的现实》（Reality in Advertising）一书中，他对此概念进行了详细的解释。在该书中，他用三个部分来解释 USP 这一概念：

1."每则广告都必须让人们清楚：购买该产品，您会获得什么实际利益。"

2."广告必须具有独特性：要么是宣传品牌的独特性，要么是提出在同类产品广告领域中从未有的主张。"

3."这种主张必须有打动千百万人的力量，也就是，能把新客户吸引到你的产品之前来。"

罗瑟·瑞夫斯开创的 USP 中最著名的一个例子，也许是他为 M&M'S 巧克力开发的一则广告语——"只融在口，不融在手"。M&M'S 巧克力是美国市场上第一款用硬壳包裹的巧克力。

原本只是为广告界所开发的 USP，如今已经成为在整个营销领域被广泛使用的一个概念。很难确切解释这样的转变是如何发生的，这可能是因为 USP 是"差异化"的一个代名词，而"差异化"又被普遍认为是企业成功的关键。

"产品差异化"的重要性最初是由经济学家爱德华·张伯伦（Edward Chamberlin）提出来的。1933 年，张伯伦在他的博士论文

《垄断竞争理论》(Theory for Monopolistic Competition)中首创这一说法。近些年来，一些人士，如哈佛大学营销教授西奥多·莱维特（Theodore Levitt），就发表过一篇影响深远的文章：《一切皆可差异化——营销的成功之道》；还有迈克尔·波特（Michael Porter）的著作《竞争战略》(Competitive Strategy)，都被普遍认为是现代商业中的经典之作，他们也都强调了产品差异化的重要性。

USP的有效性并非无可置疑，甚至在20世纪50年代这个概念刚被提出来的时候，就遭到过质疑。根据其定义，USP其实和一家企业要"做什么"有关，如"购买该产品会获得哪些好处"。人们很难想象，过去在任何同类的产品中，怎么可能有一家或多家企业，能做到为消费者提供真正独一无二的产品？然而，现在的许多同类产品中，的确有不止一两个成功的产品。例如，卫生纸类别中就有很多成功的企业。2018年，美国有3个厕纸品牌被超过5000万消费者使用，它们是：Charmin Ultra、Scott Tissue和Angel Soft。与此同时，更有7500万消费者在使用门店的自主品牌。虽然这些不同品牌的厕纸很受欢迎，但并非每种品牌都具有其他品牌无法比拟的独特之处。情况可能是这样的，在一个拥有的选择比起今天来说少得多的时代，人们普遍局限于购买当地的产品和服务的情况下，USP或许能起到一定的作用。

但是时至今日，在企业经营全球化的经济环境下，USP的概念变得有些不现实了。

对于任何提供无形服务产品的企业而言，如财务顾问、培训公司、律师事务所等，它们都无法提出其竞争对手不可能同时复制的承诺。当然，这并不是说这些企业不可能有创新，不能想出新的办法。但就该定义本身而言，承诺是无形的。如果其他企业愿意的话，很有可能它们也可以向客户和潜在客户提供同样的承诺。

错觉十四
一家成功的企业必须有令人信服的独特销售主张（USP）

在服务领域要求实行 USP 是几乎无法想象的，而产品的原创者要做到产品与众不同，还可能比较切合实际。理论上，有形物品需要经过制造，因此复制起来需要花费更多的时间。此外，虽然无法拥有创意，但通过获得专利的方式，对具有物理特性和工艺的可识别产品进行合法保护还是比较容易的。尽管如此，以全球经济的发展速度来看，企业很难长期拥有自己的 USP。

例如，苹果公司推出的 iPad（平板电脑）就是开创性产品。尽管市场上最早出现的平板电脑之一是 1988 年 GRiD Systems 制造的 GRiDPad，在此之后，许多公司也都试图推出平板电脑，但真正改变市场的是具有触摸屏界面的 iPad。这是第一款被广泛使用的平板电脑，在上市的第一年就售出了 1900 万台。事实上，苹果的 iPad 如此成功，以至于整个科技领域的格局都发生了变化，直接导致了其他笔记本电脑销量的大幅下滑。

苹果的 iPad 于 2010 年 4 月初开始发售。尽管这是一项专利技术，苹果的先发优势却很短暂。戴尔的 Streak 于 2010 年 8 月上市，三星的 Galaxy Tab 则于同年 11 月上市。到 2011 年春天，顾客已经有了更多的选择：比如，摩托罗拉、华硕、惠普等其他公司的产品。换句话说，即使苹果确实有独特的销售主张（USP），这也只是短暂的。

当然，如果一家企业真正通过令人信服的创新推出一种新产品或服务，对市场产生真正的革命性影响，就可能会给企业带来商业上的成功，即使它的独特主张只是短暂的。不过，这些企业也只是少数的例外，并非普遍现象。很多在事业上做得风生水起的企业从来也不见得有多么独特。究竟有多少成功的律师事务所、招聘代理机构和管理咨询公司，敢于声称自己是从改变市场的独特销售主张起步的？

实际情况是，企业不需要靠打造独特的销售主张来获得成功。

111

对许多企业来说，吸引客户的不在于它们"做什么"，而是它们"如何做"以及"为谁做"。例如，苹果是一个高端品牌，它的产品比许多竞争对手贵。因此，它的目标人群是高收入者以及有能力支付该产品的群体。

就像任何高端品牌一样，更高的价格赋予苹果产品一种地位感和排他性，这是那些廉价和普通的产品所不能给予的。与销售同类产品的竞争对手相比，它的利润率更高。这使它能够对其优雅的包装和良好的零售体验进一步投资，从而巩固其市场的地位。尽管取得了无可辩驳的成功，多年来，iPhone 在全球市场的份额一直保持在 15%~20%，这清楚地表明，尽管 iPhone 广受欢迎，但它并不想大众化。

同样，某家会计师事务所想通过其业务来体现差异也不太可能。几乎所有会计师事务所都能提供账户管理、财务规划、审计和税务建议等核心服务。不过，也许某家会计师事务所会决定专注与其方圆 50 英里内快速增长的企业进行业务合作。在这种情况下，它可能会与天使投资人建立关系，为它的企业家客户建立一个网络小组，每月定期在其办公场所聚会，进行分享知识、经验和最佳做法的交流，并提供咨询意见，帮助企业有效地扩大发展。这家会计师事务所不会有 USP，因为它所做的与其他会计师没有什么不同。它不能宣称自己所提供的任何方面的服务是与众不同的。它只是通过"如何"提供服务、"为谁"提供服务的整套方案来吸引它的特定市场。

瞄准一个特定"对象"，制定一个针对特定受众的"如何做"，将使这些企业变得比提供普通产品的企业更有吸引力。虽然这里没有 USP，但它可以让一家企业充分体现出差异化。当然，可能会有其他竞争对手也在瞄准同样的群体。因此，虽然这么做可能会减少

错觉十四
一家成功的企业必须有令人信服的独特销售主张（USP）

直接竞争对手的数量，但它并不一定会为企业带来绝对的行业竞争优势。

很明显，从这些例子可以看出，USP和差异化不一定是一回事。尽管如此，它们已经基本上被当成同义词。一家企业要想成功，就必须与众不同，这已经成为人们普遍认同的说法了。接下来，由此带来的讨论常常就是如何制定USP。但是，正如拜伦·夏普（Byron Sharp）在其《品牌是如何成长的》一书中所论述的那样，事实并非如此。

可口可乐和百事可乐是有史以来最著名、最成功和最具标志性的两个品牌。但两家公司都没有USP。事实上，它们甚至没有什么不同。从工艺上来说，这两种饮料的味道有所不同，无可争议的一点是，如果让人们直接在这两种饮料中做选择，就可能会有各自的偏好。尽管如此，对于大多数消费者来说，如果他们在吧台要可口可乐，而吧台服务员告诉他们只有百事可乐时，大多数人也会接受，而不是选择其他完全不同的饮料。这表明，口味差异对大多数客户而言，没有太大的意义。

阿迪达斯和耐克的运动鞋也是一个类似的例子。虽然它们二者都没有USP，也没有看到它们之间有明显的差别，但不同的人还是会偏爱其中的一个品牌。然而，它们都是世界上最成功的两个运动品牌。麦当劳和汉堡王也同样是这种状况。严格来说，虽然因为它们的口味有所不同，许多消费者可能会偏爱其中的某一款，但对大多数顾客来说，它们是可以互换的。假如有顾客想要吃快餐，而这两个品牌中只剩下一种，绝大多数顾客会很高兴地接受当时可以买到的其中任何一种。

这种情况不但对于这些知名的消费品牌而言确实如此，在商业领域中也都一样。例如，四大会计师事务所安永（Ernst & Young）、德勤（Deloitte）、毕马威（KPMG）和普华永道（Pricewaterhouse Coopers），就都没有 USP 或其他明显的差异化因素。然而，它们的业务涵盖了 80% 的美国上市公司。

当然，如果企业能够创建令人信服的 USP，或打造对客户真正有意义的方式来实现它的与众不同，将有助于其商业活动的开展。这些例子要说明的是，企业的成功并不一定需要 USP 或是其他明显的差异化因素。

最重要的是，一家企业必须出类拔萃。从可口可乐到耐克、麦当劳到阿迪达斯、毕马威到普华永道，所有这些企业的共同点就是出类拔萃。也就是说，它们被认为是行业中的佼佼者，在市场上举足轻重，它们的名称、标识，就足以将它们与其他的品牌资产区分开来。

诚然，这些企业都是世界知名的全球行业龙头，但一家企业并不一定要得到全世界的认可才算出类拔萃。即使一家企业没有 USP 或某种差异化元素，它所选择服务的市场或"对象"也可以知道这个名字，能够一眼认出它，认为它就是该领域优秀的代表。正如这些大品牌所证明的那样，只要在自己的目标市场上能做到出类拔萃，就足以使该企业获得成功。

错觉十五

市场定位完全是由所提供的产品和服务来决定的

错觉十五
市场定位完全是由所提供的产品和服务来决定的

1968年，可口可乐和百事可乐完全占据了美国的软饮料市场。可乐占碳酸软饮料销售额的近三分之二。换句话说，当有人想喝软饮料时，可乐就是首选。在这种情况下，想让美国的消费者不喝可乐而改喝七喜（7 Up），肯定是徒劳之举。

不过，智威汤逊广告公司芝加哥分公司的创意团队在市场定位方面想出一个绝妙的主意。1968年，他们发布了一系列七喜广告，将七喜定位为"非可乐"（Uncola）的饮料。换句话说，七喜并没有试图从可口可乐和百事可乐那里抢夺市场份额，而是把自己定位为一种"替代性选择"。这样的话，当有人不想喝可乐的时候，他们就会立刻想到七喜。这一宣传活动充分利用了消费者心目中已经形成的观念："可乐是软饮料必然的选择"，而七喜则是可乐之外的当然选择。在营销活动开展的第一年，七喜的销售额就翻了一番。

史蒂夫·乔布斯于1985年离开苹果公司，1997年又重新返回苹果公司担任临时首席执行官。彼时，苹果公司濒临破产，需要靠微软的投资才能勉强支撑。微软为了挽救苹果，投资了1.5亿美元。在这样的背景下，史蒂夫·乔布斯聘请TBWA/Chiat/Day为苹果公司做广告宣传活动。正是这家广告公司为其推出了"非同凡想"（Think Different）的广告口号。

TBWA/Chiat/Day的艺术总监克雷格·塔尼莫特（Craig Tanimoto）使用"非同凡想"这一用语，是为了与"思想者IBM"这个为IBM平板电脑造势的广告语遥相呼应，尽管早在1915年，IBM就已经使用了"思想"（Think）一词。IBM是当时世界第二大个人电脑制造商。作为世界上最老牌的电脑公司之一，IBM已经是一个非常"权威"

的品牌了。短语"非同凡想"正是利用了市场既有的感知杠杆，将苹果定位为一个不同于业内其他公司的出众品牌。尽管当时尚未推出新产品，但苹果还是从这一宣传活动中获得了轰动的效应，它的股价在12个月内涨了两倍。这为一年后它成功推出多种颜色的iMac苹果电脑铺平了道路。

这些例子凸显了市场定位的两个主要原则。首先，市场定位并不总是针对产品本身。将七喜定位为"非可乐"，并不是对这款饮料的说明，毕竟，它也可以是一种碳酸橙汁或苹果汁饮品。这种定位纯粹是利用市场顾客的已有感觉。这样一来，七喜在客户脑中就占据了一席之地。

其次，顾客的感知至为关键。例如，第一批汽车被称为"不用马拉的车子"（Horseless Carriages）。如果把某样东西描述为"自动行走的车子"（Automobile），就很难获得当时人们的理解，因为那时许多普通百姓根本就不明白那是什么。

人不相信自己看到的东西，总是只看到自己愿意相信的东西。换句话说，我们先入为主的观念会影响我们处理信息的方式和评判的结果。明白这一现实在营销传播中极其重要。

虽然企业想尽方法来吸引其目标市场的关注，但所得到的那点关注的时间相对于人生长河而言，委实微不足道。而企业还必须在这个有限的瞬间，传递出能够让人产生共鸣的理念。对于消费者个人来说，要他们消化处理与他们对世界的认知模式不符的信息，几乎是不可能的。那些与他们当下理念相矛盾的信息，极有可能被他们忽略而过。

因此，为了使企业的营销活动真正产生效果，需要了解受众已有的感知状况，然后再运用这一理解的杠杆，作为任意营销传播的基础。市场定位是从客户的脑海中开始的。这一定义才是市场定位

错觉十五
市场定位完全是由所提供的产品和服务来决定的

的终极要素,即通过影响顾客的感知观念,在消费者的心目中占据一个清晰与理想的位置。

例如,沃尔沃的市场定位以人们的安全感作为切入点。当然,宝马(BMW)、本田(Honda)和福特(Ford)等其他主要品牌汽车实际上也一样安全。事实上,欧洲所有的汽车制造商都要遵守同样一套安全标准。然而,在消费者的心目中,沃尔沃才是"安全"的汽车。1959年,沃尔沃推出的三点式安全带概念是至今依然沿用的安全标准,沃尔沃也因此在消费者的脑海中成为一种安全的权威,并在市场上占据了这样的地位。多年来,它还通过一些其他方面的创新,持续强化了这一定位。

沃尔沃对"安全"一词貌似的专有权,凸显出市场定位需要注意的一些原则。对于汽车而言,"安全性"是一个容易理解的重要考虑因素。在当今世界,获得消费者的关注是一大挑战,要想脱颖而出并在客户的心目中占据一席之地,信息必须简洁明了。

信息还必须保持一致性。在客户心目中占据一个理想的位置是许多企业无法实现的成就。一种成功的市场定位,除非它已经不再与企业有关,否则,自愿放弃这一定位,通常是一种短视的行为。那些整日要围绕着某个产品定位和产品广告而忙碌的人,可能会心生疲惫,觉得需要对它们进行更新。其实,偶尔关注这些广告传播的消费者不一定会觉得无聊。改变定位反而很容易使消费者感到迷惑,他们在购买时就不太会考虑该产品了。

抢占市场先机是决定性的因素,一旦品牌在市场上占有一席之地,要想将其挤出是极其困难的。"确认倾向"是指人类倾向于以他们当前信念一致的方式接受和处理信息。一旦消费者将沃尔沃视为"安全"的汽车,另一个汽车制造商几乎不可能说服顾客去相信其生产的汽车是更安全的。

找到能吸引消费者的市场定位，对于营销成功至为关键。正如广告界传奇人物之一大卫·奥格威所言，定位意味着确定"产品用途以及目标客户"。1972年，奥格威推出了一个名为"如何打造卖座的广告"的广告宣传。他在该广告中指出，广告中最重要的策划是"你如何定位你的产品"。他追问道："你究竟该将怡泉（Schweppes）定位为一款软饮料还是混合饮料？你应该把多芬定位为适合干性皮肤的产品，还是一款能让双手真正干净的产品？"

事实上，奥格威对多芬香皂的定位是一个巨大的成功。奥格威之前曾在乔治·盖洛普（George Gallup）的受众研究所工作，因此他对任何产品和市场的分析都十分细致。在他要求查看多芬香皂的配方之后，发现配方中含有"四分之一的滋润乳液"，于是，奥格威便将其定位为一款适合女性的护肤香皂，并开始"多芬使其他香皂过时了"（Makes Soap Old-fashioned）的广告宣传。

同样，在《奥格威谈广告》一书中，奥格威解释说，瑞典萨博牌轿车（SAAB）在挪威缺乏一种形象特色。他决定将萨博牌轿车定位为"冬季之车"。当然，市场上不乏其他品牌的汽车，它们在冬季行驶同样可靠，但作为第一个传递这一定位的车型，萨博牌轿车成为客户心目中的冬季车。仅仅三年后，萨博牌轿车就被评选为挪威最佳冬季用车。

一旦品牌在消费者心目中成功定位，就必须小心加以呵护，不要因为淡化原来的主张而失去竞争优势。在决定究竟应该以同一个品牌还是引入一个全新的品牌来扩展生产线时，企业必须经过极其慎重的考虑。这取决于原来的那个定位是否能够令人信服地延伸到另一个类别。

一个品牌很难在消费者心目中拥有一种以上的定位。一种定位能否延伸到另一个类别，并不是由企业决定的，而是完全取决于顾

错觉十五
市场定位完全是由所提供的产品和服务来决定的

客对市场的感受。

因此,迪士尼的品牌本身就提供了主题公园、酒店、邮轮、商品、商店、电视节目、电影、音乐和剧院等服务。它是以家庭娱乐和媒体业务为核心的。你可以争辩说,迪士尼是通过多个不同的平台和渠道来提供相同的娱乐和内容的。迪士尼"创造快乐,传递神奇时刻"的核心情感主张,贯穿于所有这些体验的过程中。换句话说,即使它提供了诸多不同的服务产品,它的市场定位是一致的。归根结底,它之所以能成功,是因为消费者也本能地以同样的方式来感受它。

与此相反的是,谷歌在2015年创建了一家新的控股公司——Alphabet,在这家公司名下,诸如从事机器人研究的波士顿动力公司(Boston Dynamics)、从事人工智能研究的深度思维(DeepMind)以及为自动化家居和物联网提供解决方案的鸟巢实验室(Nest Labs)等公司,它们也都可以并存。

谷歌的市场地位是搜索引擎的领导者。试图在一个品牌的保护伞下进行这么多不同的项目,可能会让客户感到困惑,对谷歌的市场地位产生不利的影响。如果将这些项目分别贴上各自不同的标签,就可以让每个项目在各自专业的领域内都有机会在消费者心目中占有一席之地,同时又不会削弱谷歌在消费者心目中的品牌地位。

对于在消费者心目中拥有卓越地位的品牌,如果推出另一种类别的产品,会发现这种新产品很难被消费者也视为新类别中的领军者。今天,许多主要的汽车制造商旗下都推出了自己的电动汽车。然而,如果你问大多数消费者,他们脑海中出现的第一个电动汽车的品牌是什么,他们的回答极有可能是:特斯拉(Tesla)。

这是因为特斯拉的市场定位是电动汽车领域的专家,而通用汽车、福特和大众等公司则拥有大量各种不同的车型。正如丰田在进

121

军豪车市场时创造了雷克萨斯一样，对于这其中的一些企业来说，创建一个独立的电动汽车品牌可能是一种更好的定位策略。

当然，哪些企业能在电动汽车领域中取得成功，除了定位，还有许多其他因素的影响，成功之路是漫长的。有趣的是，虽然特斯拉在2003年才成立，但在2017年，它的市值一度超过宝马，成为世界上品牌价值最高的汽车制造商。从众多竞争对手的范围、规模和历史来看，特斯拉所取得的成就是辉煌的，这也充分展示了市场定位的力量，姑且不论特斯拉的未来会如何。

市场定位是一家企业营销战略中最重要的方面之一，它可以决定企业的成败。虽然所有的企业都应该努力创造出消费者期望的优秀产品和服务，但正确定位本身更多的是对顾客感知的把握，而非出自对产品和服务的考虑。

当然，企业在选择定位时必须让人感到具有真实性。七喜确实不是可乐饮料，沃尔沃在汽车安全方面的确有创新，多芬也真的比传统香皂对皮肤更好。尽管回头来看，这些产品在当时也并非一定得以人们已知的方式进行定位，还有其他的选择也可作为它们的市场定位。归根结底，市场定位需要的是对目标市场以及该受众已有的感知状况的把握，并利用这种感知的杠杆在消费者心目中占据一个理想的位置。因此，对于市场定位而言，掌握顾客的感知就是一切。

错觉十六

视觉图像在营销传播中是最为重要的一环

错觉十六
视觉图像在营销传播中是最为重要的一环

奥斯卡·王尔德（Oscar Wilde）在《作为艺术家的评论家》一文中写道："自从印刷术问世以来……文学就有了一种趋势，它越来越注重吸引人们的眼球而不是人们的耳朵，从纯艺术的角度来看，这的确是一种明智之举；艺术就应该始终遵循这种令人快乐的准则。"

如果在1891年出版《作为艺术家的评论家》时的情况已经如此，那么，设想一下奥斯卡·王尔德会如何看待当今这个视觉交流占主导地位的数字时代，一定会是一件很有趣的事情。现在，几乎每部智能手机都带有摄像头，鼓励我们去捕捉画面并在家人、朋友以及更广泛的网络空间进行分享。当今许多最受欢迎的社交媒体平台，如Instagram、Snapchat和Pinterest，都是以视觉内容驱动的平台。甚至在Facebook这个世界最大的社交媒体的平台上，视觉内容也占据了主导的地位。世界第二大平台YouTube，也是一个视频分享网站。

在网上，到处可以获得统计数据证明视觉图像的力量。例如，配有画面的Twitter获得的转发量比没有画面的高出150%。BuzzSumo（一个在互联网进行内容筛选收集的工具）对100多万篇文章进行了研究，发现在每75~100个单词中就配有一张画面的文章获得的分享量是画面较少的文章的两倍。通过查看超过1亿个脸书更新，BuzzSumo还发现脸书上包含画面更新的用户参与度（指用户点赞、转发、评论、下载文档、观看视频、咨询等交流行为）是不包含画面更新的2.3倍。

无处不在的表情符号表明，即使我们今天在发短信时，也会加入各种画面。仅在Facebook桌面窗口的聊天客户端（Facebook

Messenger）上，每天被发送的表情符号就有 50 亿个。这样的证据太能说明问题了。在数字时代，视觉图像似乎确实是有效沟通最重要的一个方面。

当然，语言是人类已知的最早的交流形式，是属于听觉的。随着网络上视觉图像的日益泛滥，像语言这种人类与生俱来的东西是否会遭到低估？毕竟，图片的确具有快速传递知识的能力。想想看，一个家庭的度假照片可以传递多少信息？那些日常使用的标志和符号，如道路上用于引导交通的警告、具有指导作用的插图（如图形、图表），都证明了以视觉方式描绘信息的有效性。

这种情况导致了"一张图片抵得上一千句话"之类的陈词滥调。但是，即便如此，插图所包含的内涵依然有限。虽然图片可以传递很多信息，但是，它们通常还需要文本为其提供上下文及含义。例如，图形、图表和信息图表通常配有少量文字，来使视觉图像的意思清楚。这与文字加图像的道理一样。文字可以创造千万个画面。传说欧内斯特·海明威（Ernest Hemingway）与朋友共进午餐时，打赌说他只用六个词，就可以写出一个让朋友看完后哭出来的故事。他在餐馆的餐巾纸上写下，"出售：从未被穿过的婴儿鞋"（For Sale: Baby Shoes, Never Worn）。仅这六个英语单词，就足以在人们的脑海中唤起无数的画面与情感。

我们也不应低估人们对听人讲述的喜好。阿利斯泰尔·库克（Alistair Cooke）在英国广播公司《来自美国的信》的一期节目中，曾经提到了一个小男孩的故事。小男孩说，和看电视相比，他更喜欢听广播，因为广播能给他带来更好的画面感。实际上，2018 年美国有 93% 的成年人都会每周收听一次广播，而英国成年人的这一比率是 89.6%。在网上，美国有 26% 的人每月至少收听一次播客，这个比率在英国的人口中为 23%，并且，这一数字还在不断增加。

错觉十六
视觉图像在营销传播中是最为重要的一环

事实上，以上的数字显示了讲述与语言的力量，但反过来情况就不同了。如果一个人在电视播放广告的时候离开电视，但是依然能够听到广告的内容，那么，广告仍然还有潜在的影响力，这通常是可以说得通的。但是，观看广告时把音量调低，通常会大大降低广告的效果。同样，人们也可以在没有任何图片的情况下阅读报纸。当然，这可能不那么吸引人，也不那么有趣，但总还是可行的。相反的是，一份只有图片而没有文字的报纸是行不通的。

事实上，如果不使用语言，就无法表达思想、概念、价值和信息。仅仅用图片来解释一种新产品或服务并传递它所提供的价值几乎是不可能的。正如菲利普·沙利文（Philip Sullivan）在其著作《智人的世界》（*The World According to Homo Sapiens*）中指出的那样，"我们需要语言来传达我们的概念"。他说："人类信息处理装备（大脑）中的词汇和概念，就像硬币的两面一样不可分割。"

的确，要使概念在我们的脑海中占据一席之地，语言的作用是非常重要的。例如，如果一个人失去配偶，这个人就是寡妇或鳏夫；如果一个孩子失去了父母，这个孩子就是孤儿。然而，英文中没有一个词是用于形容失去孩子的父母。这并非因为我们头脑中无法形成这一概念，而是因为我们没有相对应的词汇，所以它就不太可能进入我们的脑海。一个品牌的力量，一个拥有市场地位的公司的力量，就在于它的语言和概念都存在于客户的脑海中。没有语言，这就不可能发生。

换句话说，虽然视觉图像极其令人难忘，但如果不与语言概念相联系，它们就会失去效果。正如艾·里斯（Al Ries）和杰克·特劳特（Jack Trout）在他们合著的《定位：争夺用户心智的战争》（*Positioning: The Battle for Your Mind*）一书中所阐述的那样："仅凭图片无法在大脑中建立一个位置。只有语言才能做到这一点。为了创建一个有效的定位方案,你必须借助语言来描述视觉图像。"

无论品牌被归入一种类别或是作为一种概念所接受,都需要借助语言的元素,才能得以传播。所以,对很多人来说,番茄酱就是亨氏,安全就是沃尔沃,搜索引擎就是谷歌,迪士尼就是主题公园,耐克就是运动表现。这些品牌仅仅拥有强大的视觉标识是不够的,我们还需要用语言才能够表达出它们所具有的内涵。

语言的重要性也说明了名称何以如此重要。正如杰克·特劳特所说的那样:"'查理'香水如果没有改名为'艾尔弗雷德'香水,它能那么畅销吗?加勒比海的'猪岛'(Hog Island)在改名为'天堂岛'(Paradise Island)之前,一直是无人问津的。"

在一个"对话式商务"的时代,语言和名称的力量正变得越来越重要。苹果的语音助手 Siri、亚马逊的 Alexa、微软的 Cortana(小娜)和谷歌的 Assistant 等数字语音助手正变得越来越受欢迎。语音搜索是一个不断增长的趋势,未来几年,50% 的搜索将由语音完成。亚马逊的 Echo 和谷歌的 Home 等以听觉为中心的设备越来越受欢迎,这意味着有些的网页浏览将在没有屏幕的情况下进行。这也意味着,有时候,买家可能只通过语音来搜索、描述需求、叙述难处和选择他们记忆中的品牌。占有语言的公司在它们的市场领域中,将会比它们的竞争对手拥有更明显的优势。

当然,通过语言,能够描述视觉、触觉、味觉、嗅觉和声音,为读者或听者创造感官的体验。正如伟大的诗人西尔维亚·普拉斯(Sylvia Plath)所写的那样:

艺术家的生命是靠特定的、具体的事物滋养的……从昨天松树林中的绿松木耳说起:叙述它,描绘它,一首诗就浮现在脑海中……描

错觉十六
视觉图像在营销传播中是最为重要的一环

写那头牛、斯波尔丁太太厚重的眼睑、棕色瓶子里的香草味。魔法山脉由此展开。

在一篇为 Adage 资讯网所写的文章中，艾·里斯指出了使用视觉文字的重要性。他解释说，Zappos（一家美国卖鞋的 B2C 网站）提供免费送货服务的强大之处，在于它可以一目了然。同样，宝马的口号"终极驾驶机器"（The Ultimate Driving Machine）就是另一个例子。宝马不用"终极性能机器"这个口号，是因为"驾驶"一词可以被视觉化，而"性能"一词不能。艾·里斯指出，我们把放着所有饮料的桌子叫作"咖啡桌"，而不是"饮料桌"，因为"咖啡"是一个可以被视觉化的词。同样的，我们旅行时带的是"套装箱"（Suitcase），而不是"衣物箱"（Clothing Case），因为"套装"（Suit）是一个视觉词。

在我们这个以视觉为主导的数字时代，语言的力量有时会被忽视，但事实是，视觉图像和语言在营销传播中都很重要。大多数最伟大、最成功的品牌都是同时有效地利用了这二者。

例如，苹果公司拥有一个令人难忘的、容易识别的标识。与此同时，它的"不同凡想"的口号自 20 世纪 90 年代以来，对该品牌根植于消费者心目中并确立其地位大有裨益。同样，每个人都熟悉可口可乐的标识和它标志性的品牌玻璃瓶。然而，标语的使用——或许最出名的是那句"这是最好的东西"（It's the Real Thing），在可口可乐的成功中扮演了重要的角色。从耐克的"对勾"标识和"只要去做"（Just Do It）的标语。到欧莱雅对图像的运用和"因为我值得拥有"（Because I'm Worth It）的标语，最伟大的品牌都是将视觉图像和语言的运用结合在一起，创造出最强有力的营销传播。

最重要的是，以上现象印证了我们对人类认知方式的了解。作家

129

和执业心理学家琳达·克瑞格·西尔弗曼（Linda Kreger Silverman）告诉我们，大约有 33% 的人主要通过图片来进行思考，25% 的人主要通过文字来思考，45% 的人则依靠大脑中主管图像与语言的两个半球同时进行思考。因此，在营销传播中，对语言或视觉图像的不当使用将严重制约传媒的效力。说到底，只有将视觉图像和语言相结合，才最有可能为公司和品牌，创造那种令人难忘和有影响力的传播信息。

错觉十七

我们的产品必须吸引尽可能多的群体

错觉十七
我们的产品必须吸引尽可能多的群体

　　如果营销战略的真谛的确如商界学者迈克尔·波特曾经说过的那样，是"选择不做什么"，那么许多企业根本就没有营销战略。在任何一个市场中，都有一种企业的"可用市场总量"（TAM），即企业如果实现100%市场份额时可获得的全部收入机会。

　　因此，我们假设有三位IT工程师在创业伊始，会对全球有IT需求的企业进行"可用市场总量"的评估。当然，这三位工程师并没有服务全球市场规模的能力。所以，他们可能会现实一些，决定把提供服务的范围，局限在他们公司半径50英里内的企业。这就是他们的"可服务的市场总量"（SAM），即该公司可以开展营销的细分市场。

　　对许多企业来说，这就是它们所进行的市场细分。通常的想法是，既然公司可以为方圆50英里范围内的任何企业提供服务，为何要限制自己潜在的机会，将任何企业拒之门外呢？然而，这种做法从根本上来说是错误的。

　　因为，为了确保公司的IT业务在其方圆50英里范围内吸引各种不同性质的企业，公司只能使用面向大众的营销传播方式。结果是，它的营销内容显得平淡无奇，既不引人注目，也吸引不了任何人。这样的营销根本不会有什么效果。

　　相反，如果这家IT公司只选择服务律师事务所这一市场，它就得排除本地区绝大多数其他的企业。不过，这样一来，它的营销文本及内容就只能针对律师事务所的特有问题。它可以通过参考这些律师事务所经常使用的软件和产品，运用与该目标群体相关并能让他们感兴趣的营销意象。

如果你能做到用目标受众的语言，具体地叙述该行业中的有关问题，那么你的营销内容就更有可能是恰当的、吸引人的，并能真正赢得一些受众的关注。

此外，这家 IT 公司还将有更多的机会从市场上众多的供应商中脱颖而出。在为任何企业提供 IT 解决方案时，一家企业可能要与其他数百家企业竞争；但是一旦它所提供的服务只是专门面向法律市场，它的直接竞争对手的数量可能要少得多。

差异化的体现经常并不是因为公司做了什么。毕竟，对提供服务的 IT 行业来说，那些必要的技能和方法都是相同的，无论该服务由哪位专家提供。今天，企业在提供服务时，经常是通过"如何做"来体现差异化的。

通过专注于法律市场，公司将能够设计出符合律师事务所工作习惯、文化和期望的服务方式。虽然公司实际提供的 IT 专业服务内容可能与大多数竞争对手相似，但其所提供的服务方式可能与众不同。差异化不仅仅局限于产品本身，就像苹果这样的公司，你买的不仅仅是电脑或手机，而是一系列无缝的在线服务和帮助你解决问题的"天才吧"（Genius Bar）。同样的，当你从宜家购买家具时，你买的不只是沙发或橱柜，而是一整套关于家具的选择、组装、送货上门的解决方案。

一旦选择了这个特定的细分市场，什么样的营销渠道能够最有效地吸引律师这一群体也就变得更加明朗。律师们会有自己的网络论坛和平台、自己所属的社团和协会以及一些会参与的活动和关注的商业利益。将所有这些因素进行综合的考虑，这样的营销传播就能产生积极的影响。

将营销努力集中在较小的细分市场上，可能会让企业从其营销活动中获得更多的"收益"。如果这家 IT 公司决定将其市场定位在

错觉十七
我们的产品必须吸引尽可能多的群体

公司半径方圆 50 英里范围内的所有企业，那么，其营销传播可能涉及该地理区域南部边缘的一个招聘公司，向北则到达 100 英里之外的一家制造企业，中间还包括一家医生诊所。对彼此距离遥远、性质截然不同的企业进行营销传播，不太可能使这家 IT 公司在这样的市场中建立起很大的知名度。

反之，如果只专注于一个地区的律师事务所，则意味着将目标对准一个更集中的群体。律师群体中许多人彼此认识，他们通过参加一些会议建立起联系，属于相同的社团和协会，并且使用类似的交流渠道。随着时间的推移，专注于律师市场的营销方式将使这家 IT 公司更有可能获得知名度，并建立起一种良好的声誉。

从社区的角度来考虑目标市场的细分通常是有益的。《牛津英语词典》将社区定义为"一群有着共同价值观或兴趣的人"。如果企业能在其提供的产品中体现出这些共同的价值和利益，那么它的信息和营销传播就会让人感兴趣，让人们觉得与他们相关，更有可能因此创造出潜在的客户。这可能会给企业带来更多的商机。

一些企业不愿把自己细分到更小市场的主要原因，是它们担心会失去一些机会。许多企业领导人认为，努力吸引尽可能多的群体可以带来赢得业务的最大机会。他们没有意识到的是，除非到了他们有足够的资源来吸引他们可服务市场中的每个人的时候，否则他们一定正在进行市场细分。但是，他们并非以战略性的方式来进行市场细分，而是通过浪费时间和金钱在做这项工作。

从战略上讲，一家企业应该把重点放在尽可能小的市场上，只要这个市场能确保它可以切实实现其商业目标就足够了。企业应该将其视为"切实可行的最小的市场"。因此，如果我们的 IT 初创公司的第一个里程碑是拥有 100 个客户，那么将一个包含 1 万家企业的市场进行细分，意味着它只需赢得 1% 的业务就能实现其目标了。

在它的营销资源较小的情况下，它为什么要尝试在更大的细分市场进行营销传播呢？那样做只会削弱它所创造的营销传播效果。

无论处于哪个发展阶段，企业都应该把钱花在最有可能购买你的产品的人身上，这才是一种明智之举。把产品、服务和营销传播专注于一个或少数几个的群体上，更容易创建一个吸引它想要的客户的消费主张，使得企业获得商业的成功。

只要能打造出有效的品牌叙事，随着企业的成长，企业总能够打入新的领域。换句话说，一家企业要能够通过营销传播让人们明了，它具有何种能力把它的专业知识，带到它正好适合服务的另一个客户群体。例如，Facebook 最初是针对哈佛大学学生的一个平台。在推出的第一个月，哈佛大学有 50% 的学生在 Facebook 注册，Facebook 继续扩展到斯坦福大学、耶鲁大学和哥伦比亚大学，这些都是在美国排名前十名的大学。到 2004 年底，美国和加拿大的大部分大学都在使用 Facebook。

到了 2005 年 9 月，中学生也被允许加入 Facebook，同时，微软和苹果的员工也可以加入。Facebook 继续扩展到澳大利亚、新西兰、墨西哥、爱尔兰和英国的大学及中学。到 2006 年 9 月，其会员资格只对超过 13 岁的公众开放。现如今，Facebook 每月活跃的用户已超过 20 亿。如果它一开始就是一个面向所有人的平台，它反而不太可能渗透进任何市场并生存下来。

同样，杰夫·贝佐斯（Jeff Bezos）也一直希望亚马逊成为一家无所不卖的商场。他希望建立一家互联网公司，充当制造商和客户之间的桥梁来销售几乎所有的产品。当然，作为一家初创企业，亚马逊不可能销售"所有东西"。否则，它会沦落为一家没有明显目标市场的企业，销售一大堆零零碎碎的产品。因此，亚马逊选择从专注书籍销售业务开始。

错觉十七
我们的产品必须吸引尽可能多的群体

通过这一选择，杰夫·贝佐斯立刻拥有了一个引人注目的价值主张。1994年，亚马逊刚成立的时候，活跃在市场上的书籍规模有300万册，而当时最大的书店库存数量大约在15万册左右，亚马逊可以立马为顾客提供比任何实体零售店更多的图书类别选择。这种方式也同时给贝佐斯带来了一个明显的目标市场：那些热心的读者和书籍爱好者。

一旦亚马逊建立起可靠的在线图书零售商的良好声誉，它便开始逐步提供其他的产品。它进军的下一个领域是激光唱片。从品牌叙事的角度来看，这是切实可行的。对于顾客来说，如果一个在线商店能可靠地提供图书，那么，不难相信它也能提供CD唱片这一类的产品。将市场从图书扩大到音乐爱好者，说明亚马逊仍然有一个明确的目标受众群体。提供书籍和CD唱片使亚马逊成为互联网上最成功的企业。随后，它开始通过收购其他业务来实现其产品供应的多样化。

类似的情况还有红牛，它是世界十大软饮料制造商之一。在1987年，要想在成熟的西方饮料市场上推出新产品并不容易。小型企业如何与可口可乐、百事可乐和联合利华等全球巨头竞争？

答案是，如果小企业将精力集中在一个非常狭小的市场上，而不是试图吸引尽可能多的群体，那么它就可以和那些最大的企业进行竞争。

红牛的创始人迪特里希·梅特舒兹（Dietrich Mateschitz）一开始把注意力完全放在学生身上。他付钱给学生和DJ，让他们举办派对，在这种场合提供免费的红牛饮料。在学生中制造轰动与需求给红牛打下了一个成长的基础。即使现在，红牛的目标市场依旧是学生和年轻的专业人士。因为它专注于一个市场，而不是试图吸引尽可能多的群体，它才有了一个强大的品牌形象并保持其吸引力。

尽力使一家企业能够吸引尽可能多的群体看上去好像是实现商业成功的最安全策略,但事实恰好与此相反。如果一家企业的产品一开始就试图成为所有人的需求,其结果只会变成对任何人都无足轻重。相反,通过聚焦一个目标群体进行营销的传播,企业可以开发出对该特定细分市场具有吸引力的产品。敏锐地聚焦目标市场,对于任何企业的成功都是至关重要的。无论一家企业是大是小,它都要确切地知道它的客户是谁,并确保为他们送达营销信息,这才是企业成功的关键。

错觉十八

用人口统计学来进行市场细分是最好的方法

错觉十八
用人口统计学来进行市场细分是最好的方法

市场细分是将潜在市场划分为不同群体的过程。就公司的产品而言，细分市场的依据要么是相同的群体要求，要么是相似的群体行为模式。为了让市场细分体现其价值，被区别开的客户必须有足够大的差异，企业才能有针对性地制定具体的策略。

细分市场使企业能够根据不同目标客户的需求，开发出最为相关的产品和最有可能产生共鸣的营销传播。它使企业可以将其有限的资源集中在更可能发生购买行为的一个或多个特定顾客的群体上。这样，企业就能有更多成功的机会。

用人口统计学来做市场的细分是一种最常见的形式。它由以下社会特征组成：

- 年龄：出生时间，所属年代；
- 性别；
- 性取向；
- 教育；
- 收入；
- 职业；
- 社会经济地位；
- 宗教；
- 种族；
- 国籍；
- 家庭结构/生命阶段：如已婚、单身、退休等；
- 家庭规模；
- 地理：如城市、郊区、农村、富裕/贫困地区等易变化类别。

这些分类中的数据是否有用，取决于公司所要推广的产品。地理区域划分对于餐馆很可能会有用，因为大多数人只愿意在一定的距离内用餐。昂贵的豪华酒店可能会选择针对来自特定社会经济群体的个人，因为他们更可能有能力支付这样的食宿费用。七人座汽车的制造商所认定的目标群体，是那些处于某个生命阶段中的特定规模的家庭，对他们而言，座位数是他们考虑的首要因素。

虽然人口学可以作为细分的有用起点，但它也极大地限制了市场细分的范围。以1948年出生并在英国长大的两名男性为例。两人都结过两次婚、都有孩子、事业有成、富有、喜欢养狗。然而，其中一位是查尔斯国王，另一位是黑色安息日乐队的主唱——"黑暗王子"奥兹·奥斯伯恩。尽管他们在人口统计学特征上有相当多的共同点，但是可以想象，他们在许多购买行为中有着非常不同的标准。

同样，从人口学的角度看，千禧一代常常被当作同一类型的人口群体看待。人们通常用这样的概括描述这代人："重视个人发展甚于经济利益"；抑或，这代人"推崇可持续发展"。然而，对于仅在美国就有7300万人口的这样一个群体，做出这样的推论难免过于简单化，并且可能被证明是不准确的。这就会令人怀疑，仅仅依靠人口统计学本身，是否就能为营销策略提供强大而有效的洞见。

后人口消费主义的理念使这一情况变得更加复杂，该理念突显了这样一个事实，即在随处可以获取到各种品牌信息的当今时代，数字技术的应用使得人们比以往的任何时代都更有能力进行各种新的生活尝试，建立在消费者行为的传统的人口统计模式，与营销策略的关联变得越来越不紧要。Netflix产品创新副总裁托德·耶林（Todd Yellin）在2015年就将传统的人口统计信息描述为"几乎没用"。他进一步说："因为……实际上，19岁的男孩们会观看《舞动的妈妈们》，而73岁

错觉十八
用人口统计学来进行市场细分是最好的方法

的女性也会观看《绝命毒师》和《复仇者联盟》。"

同理,公司的统计数据针对公司,就像人口统计数据针对人一样。公司统计数据独有的特点是:

- 成立日期与营业年长;
- 经营范围;
- 员工人数;
- 公司地点(地理位置和办公室数量);
- 税额与营业额;
- 所有权(公有、私有、政府、非营利性);
- 市场份额与行业地位;
- 客户性质(B2B 或 B2C)。

与人口统计数据一样,公司统计数据的范围也非常有限。以 1998 年在同一城市成立、都有 25 名兼职员工的两家酒吧为例。两者的营业收入都大致相同,都是业主管理的,都是面向大众服务的。从公司的统计数据来看,它们貌似相同,但在企业文化和服务态度上,它们可能极其不同。这将影响它们的管理者对风险、投资、酒吧经营的方式以及购买行为的各种看法。

就像人口统计学一样,公司的统计数据可能是确定目标市场细分的有用起点,但是如果把它们拿来单独使用,两者作为市场细分的方法都是不完整和不尽如人意的。在对市场进行分类时,还应考虑其他因素,以使细分出的群体更具有意义,这样才能为企业提供更大的成功机会。

行为细分法是指根据购买行为或偏好对市场进行分类。这是一个重要的考虑因素,因为行为细分法将迫使企业提出许多问题,这些问题可能使其营销传播的效果更佳。行为细分可能是极其复杂的，用来解释在线购买行为时尤其如此。当消费者点击链接、查看信息时，企业便可对消费者整体购买过程做出分析，进而改善用户的体验和用户的转化率。

我认为，在使用行为细分法时，有四个核心领域需要加以研究。

1. 客户的利益诉求以及需要解决的难题

一个很好的问题是，"我们需要帮助潜在客户解决哪些难题，就有可能让他们关注到我们的产品"。因此，在B2B的环境下，IT服务供应商可能会明白，其潜在客户可能面临的挑战之一是数据方面的问题。他们的问题可能是，"我该如何以最有效和安全的方式收集、存储和分析数据"。还有一个顾虑可能与竞争优势有关——"我该如何跟上市场趋势，确保自己不会输给竞争对手"。

同样，在消费者领域，豪华车销售商可能要准备好如何回答客户的一些提问，如"我如何能通过买这款车展示自己的成功"或"这款车能作为我获得某项特别成就、达到某个里程碑的奖励吗"。

从客户所面对的问题的角度思考是有益的，因为这有助于你把自己放在购买者的位置，思考他们的购买动机。另外，还要考虑客户对产品的利益诉求。因此，就IT公司而言，上述情景中的客户利益之一是能够更有效地帮助他们收集、保存和利用数据；而就豪华汽车的情景而言，购买本身就是对取得个人成就的一种奖励。

当然，买家在购买时可以有不止一种购买动机。根据这些不同的动机来细分市场，可能会使产品营销变得更容易，这意味着通过一些特定的市场渠道进行营销是更为合适的，这样也就能更有效地、更成功地进行潜在客户的定位工作。

2. 购买的时机与背景

几乎所有的购买行为都是由某个事件触发的。因此，对导致购

错觉十八
用人口统计学来进行市场细分是最好的方法

买的情景或事件进行思考是极为有用的：

● 普遍时机：会计行业一般会知道，一个财政年度末，是对那些对他们自己企业财务业绩不满的企业雇主开展业务的大好时机。一家花店会在情人节、母亲节等节日之前推广其产品。比萨外卖公司会在奥运会、世界杯或"超级碗"等大型体育赛事期间开展促销活动，因为它们知道人们会坐在家里一边看比赛一边吃零食。

● 重复发生的时机：许多公司通常会在一年中的特定期间进行特定的培训项目、制定业务战略或对供应商进行重新梳理。一般会有每个季度定期的商务旅行。同样，对个人来说，一年中都会有些生日和周年纪念日的活动。甚至还有那些诸如在上班途中购买一杯咖啡等日常的消费需求。

● 个别时机：一些罕有或少有的事件，也能引发购买行为。新开张的生意可能是个人寻找会计师的原因。怀孕可能会导致扩张的家庭置换大一点的交通工具。一场婚礼可能会有雇用一名摄影师的需求。

一家了解了购买行为背后原因的公司，可以选择以此作为框架进行定位和营销。尽管围绕购买的时机历来都互相关联，但在这个客户有能力上网并自行寻找供应商的时代，如果能直接针对具体时机向客户发送信息、开展产品推广活动和进行广告内容宣传，效果可能就会十分显著。

在这个移动智能设备驱动的时代，这一点尤为重要。谷歌所谈及的"微瞬间"，指的是那些"在整个消费者购买过程中，由意图驱动的决定和塑造偏好的时刻"。它们是在瞬间自发产生的，往往受到购买者所处环境的驱动。根据各种不同的情境进行市场细分，就可

145

以直接针对这些"微瞬间"进行营销传播。

3. 使用情况

一种产品或服务的使用量可以成为细分市场的基础。不同产品和服务的用户可以分为重度用户、中度用户和轻度用户。例如，一名商务旅行者每年乘坐 20 多次长途往返程航班，入住酒店 100 个晚上，可能会被认为是航空旅行和酒店的重度用户。另一名商务旅行者每年飞行 8 次，入住酒店 30 个晚上，可能被认为是中度用户。与此同时，如果一个人每年只预订一、两次商务航班，酒店的入住次数也较低，可能会被认为是轻度用户。这种使用度的区分，可能会使一些方面的购买标准发生变化，例如，用户对安排的期望，对方便度以及其他一些具体事项的要求。

4. 忠诚度

对某家公司或品牌的忠诚度是细分市场的一种有效方式。公司可以选择用积分、奖励、代金券和特权等方式奖励那些最忠诚的顾客，就像航空公司、酒店和超市经常做的那样。同样，企业也可以选择某个特定竞争对手的客户为目标。这可能是因为自身品牌的日子不好过，或是企业觉得自己具有一些真正的竞争优势和更好的产品。

尽管行为细分可能会为企业带来一些有趣的机会，但一家企业也可能希望对心理细分下点功夫，即通过了解潜在客户的活动、兴趣和观点（AIO）进行细分。至于哪些信息有用，取决于企业提供什么样的产品。一些特殊企业会选择关注心理特征层面的一些数据：

活动：个人的活动规律。例如，他们可能每天乘火车上班；每周去三次健身房；定期去电影院和剧院；每周日上午去教堂。

兴趣：有人可能会喜欢家庭生活、做饭和收集旧的黑胶唱片。有人可能对技术、政治和时尚充满热情。

观点：当然，人们对许多不同的话题会有各种各样的观点。有

错觉十八
用人口统计学来进行市场细分是最好的方法

些信念可能会与某些企业相契合。因此，人们对某些公众人物、品牌或电影的看法，他们的政治信仰和价值观，可能会与企业所提供的产品有关联。

尽管心理统计信息的应用可能不如人口统计学那么简单，但企业可以有多种利用这些信息的方式。例如，投资公司可能知道，它的高风险、高回报的产品会吸引有一定风险倾向的个人。这些投资的性质可能还意味着，向具有某种特定政治观点的人会更容易推销成功。考虑到这一点，公司可以利用更有可能吸引这类人的广告进行营销，当然，这么做也很有可能会使其他人望而却步。企业对其市场了解得越透彻，其营销传播就可以越大胆。这将有助于它吸引越来越多它想要吸引的人。

一家高端的体育时尚用品公司可能会决定把那些经常光顾健身房的人作为其服装的销售目标。它可以将这种心理信息与人口统计分类数据合并使用。通过这种方式，它可以根据特定的地理位置进行定位，因为那里的健身房会员更有可能拥有与该品牌相匹配的财务状况。这家时尚用品公司就能选择在该地一些合适的地点与一些健身房合作，达到和它的会员进行接触的目的。

社交平台和数字媒体的使用，使得相当数量的个人在这些平台上留下他们的数字足迹，这些足迹可以被商家用来从心理方面锁定其目标人群。如果与人口统计信息甚至行为细分相结合，可以创建一些真正的特定目标群体。如今，有许多方法可以用于收集和获得客户的心理信息，包括：

· 传统的焦点小组访谈；
· 机顶盒的观看数据；
· 调查／问卷／测验；

- 搜索引擎/网站分析（如谷歌的分析数据）；
- 浏览数据；
- 社交媒体（即点赞、点击、推文、帖子等）；
- 来自第三方的分析数据；
- 图片库。

例如，一家推出新型电动汽车的汽车制造商会把那些开车上班、对技术感兴趣并认为需要采取更多措施保护环境的那些人，作为它的目标群体。如果再加上一些人口统计信息，更可以使公司瞄准最有可能的早期购买者，并开展最能与他们产生共鸣的营销传播。

虽然人口统计学可以作为细分市场有用的第一步，但不难理解的是，将其作为市场分类唯一的最佳途径，它毕竟还有不足之处。人口统计学虽然有用，但它必须与其他分类法相结合，才能使企业能够以最贴切和最适当的方式，针对它的潜在客户群体进行营销传播的工作。如能这样做的话，企业离成功已经不远了。

错觉十九

营销传播的重点应该放在企业的产品或服务上

错觉十九
营销传播的重点应该放在企业的产品或服务上

假设你的客户是搭便车的旅人。当你把车停在路边,摇下车窗时,你跟他们说了一大通你的车型是什么、可靠性有多好。然后再谈起你自己的驾车经验,告诉他们坐你的车是多么的安全。最后,你说起整个行程中你正在播放的音乐,以及在你的行程中,你为什么会在不同的时间段选择播放不同的乐曲。

如果他们不是那么迫切地想要搭便车,他们肯定会在你说完之前就一走了之了。因为,他们只想以"你要去哪里"这一个问题开始对话。他们那一刻最为关心的是,能到达离他们目的地越近的地方越好,其他的想法都是次要的。

许多企业采用的营销传播方法跟这位开车人极其类似。它们所说的都是关于自己的事情,例如"我们是谁","我们擅长做什么"以及"我们能为客户带来什么好处",然后,它们会花费时间、金钱和精力将这些信息传递给它们的潜在客户。

问题是,如果一家企业的营销传播起点是从自身开始,那么,企业在整个传递信息的过程中,无论它以怎样精妙的语言来吸引客户,这样的营销传播最终只会无功而返。换句话说,所有这些陈诉都只是关于企业本身。结局很可能是,客户对这样的营销传播根本不会有任何的回应。

任何营销传播的核心不应该是关于企业或企业提供的产品和服务。相反,一切都应该以客户为中心。企业应该问的是,"客户可能在面临哪些困难和挑战的情况下,才会考虑我们所提供的解决方案"。例如,一家人力资源外包公司可能明白,其潜在客户所面临的是诸如:"我如何吸引人才到我的公司","我如何留住我的员工",

"如何确保我不违反现行法规","出现问题时,我如何将风险降到最低"以及"我如何保护好自己的声誉"等此类问题。如何解决这些问题,才是那些潜在的新客户真正的购买动机。

此外,企业必须问的第二个问题是,"这些问题可能会在什么情况下发生",换句话说,是什么情况导致了这些问题的出现?就以人力资源咨询公司为例,导致问题发生的情况可能是以下这些原因:由于公司的成长,需要更多的员工;一些关键人物已经离开了企业;一名工作人员遇到了意外困难;或者出现了某个事件,使得公司的业务不完全符合当前的法律法规。通过关注潜在客户可能遭遇到的事件和挑战,企业将确保它的营销传播不只是对自己或自己的产品和服务的阐述,而是关于它的目标市场和客户所可能面对的挑战、局面、希望、恐惧、梦想和目标的阐述。

尽管营销传播本就该一贯如此,但数字技术使这种以客户为导向的做法变得更为必要。买家比以往任何时候都可以获得更多的信息和选择,他们越来越多的购买旅程都从线上开始进行,并且在可能的供应商参与之前(如果有的话)就已经完成他们购买旅程的一大半。今天的客户在搜索产品和服务时比以前更加主动,以前他们会与零售网点的客服代表进行对话,或者在B2B商业模式中,他们会要求企业安排几场见面会,对企业所提供的产品和服务做一番了解。

在确保企业的目标市场被置于所创建的所有营销传播中心位置的情况下,企业所做的工作越多,其营销文本所能引起共鸣和产生效用的机会就越大。任何负责营销传播的人都应该坚持"让我们的客户成为主角"的理念,而不是专注于对自己的产品和服务的宣传。以客户和客户所面临的恐惧、挑战、愿望和体验为核心的营销传播,一定会更具吸引力。

错觉十九
营销传播的重点应该放在企业的产品或服务上

达美乐比萨（Domino's Pizza）的比萨传奇网站在这方面做得非常棒。它允许网站用户设计自己想要的比萨，给它起名并在网上分享。这种突出个性选择的营销方式受到了空前的欢迎，当然了，其他顾客也可以同时点这些比萨。这是一种将顾客置于产品前台和中心的做法。

让消费者成为主角的另一个例子是多芬。多年来，它的提升自尊的项目一直围绕现实生活中的故事，关注日常生活中人们对于自我认识的挑战。它的门户网站为人们提供丰富的建议和指导，鼓励年轻人带着自信和自尊成长。

这种营销方式不仅适用于企业对消费者的营销。例如，在企业对企业（B2B）的商业模式中，通用电气公司通过一个名叫"欧文"（Owen）的人物对潜在的雇员以及潜在的客户进行营销宣传。欧文努力地向朋友和家人解释，为什么在通用电气公司找到一份工作是那么的有意义。在这一系列的广告中，欧文，一个普通的大学毕业生，成了"主角"，而不是通用电气公司本身。正是通过这一人物，通用电气试图改变潜在的雇员和客户对公司的感觉。

网络信息传播的主要方式之一是"社交分享"。这种方式影响着人们对网络内容的吸收和消化。例如，虽然美国约有三分之二的成年人通过社交媒体获取一些新闻消息，但问题是，人们接触到什么样的信息内容，在很大程度上取决于他们通过这个媒体所联系的那些人的兴趣和行为习惯。因此，企业要想在线上取得成功，关键之一就是确保它所创建的信息内容能够被分享。通过这种方式，企业可以确保让更多的人看到它，知道它的产品是什么。

事实证明，能够引发人们情感反应的信息内容最受人们的关注。激发人们愤怒的内容比令人悲伤的内容更可能被分享，因为它能激起更强烈的情绪。激发正面情绪的信息材料也会比引发负面情绪的信息材料得到更广泛地分享。最为理想的是，信息内容应该激发愤怒、焦虑或敬畏这类的情绪，如果可能的话，它的效果必须是正面的。

对于大多数企业来说，如果在创建信息材料时仅仅介绍它们提供的产品和服务，是不太可能传递出太多情感内容的。一旦它们的方式是"客户就是主角"，并确保客户成为所有营销传播的中心，就比较容易确保它们的信息内容包含必要的情感元素。

至于所说到的信息内容共享，道理也是一样，包含实用信息内容的材料最有可能被大家分享。鉴于数字技术已经改变了营销传播的格局，只有这样做才是正确的。过去，营销传播在本质上是交易性质的。企业会付钱给媒体机构，让它们的宣传能短暂地吸引目标群体的注意力。通过付费方式出现在广告牌上、杂志上、电视和广播上或通过邮箱等，企业可以让潜在的买家看到它们的产品。

过去，这类营销传播作用的时间在本质上都很短暂，这意味着企业要努力将其产品和服务的一些关键好处传递给消费者，然后通过"行动呼吁"或提供某种优惠来吸引消费者。这也就导致了绝大多数营销传播都会把重点放在企业提供的产品和服务上面。

这种单一的方法现如今已不再适用。过去，企业使用的营销渠道属于其他企业，今天，企业自己就能拥有通往市场的渠道，如网站、Facebook 页面、YouTube 频道和在 LinkedIn 上的简介等。媒体是通过先建立一个群体，然后再尽力留住他们的方式进行运作。虽然企业可以通过这些平台来"获得关注"，但只有当企业能够继续运作并保持目标市场的访客数量时，这些渠道才会发挥作用。

如果企业的媒体渠道只提供有关其产品和服务好处的信息，人们只会偶尔造访它们一两次。为了鼓励人们定期地参与进来，企业的网络营销渠道必须为受众提供信息价值，即媒体渠道的内容

错觉十九
营销传播的重点应该放在企业的产品或服务上

必须为受众提供洞见、提示、建议和其他一些有用的信息，即使潜在客户目前并无意购买它们的产品，这些信息对于他们也依然是有益的和令他们感兴趣的。例如，我自己建立的黏性营销网站（stickymarketing.com）上面就有数百个视频，提供关于对市场营销、营销传播和其他相关话题方面的深入见解。对于任何个人来说，他不一定非要对雇佣营销顾问或营销演讲者感兴趣，才会觉得这个网站对他是有用的。

这么说并不意味着企业不应该解释它们在做什么，包括鼓励行动的呼吁或提供特别优惠，以吸引潜在客户在其选择使用的任何渠道上进行购买。这么说只是为了达成一种共识，即如果不能确保其传播内容具有内在的价值，企业也将无法发挥自己的媒体所拥有的潜力。

这意味着营销传播不再只是达到目的的手段，它的存在不再仅仅是为了引起潜在客户做出反应以使其产品得以售出。营销传播本身就应该被企业视为一种产品。它应该被视为不断创建和保留目标客户群体的服务产品。它将为企业提供当今最重要的资产之一：市场的关注。

从许多方面来看，今天的营销传播都可以被视为企业为牟利而出售的实际产品或服务的一种补充。这并不是什么新的理念。例如，《米其林指南》最初是由安德烈·米其林（Andre Michelin）和爱德华·米其林（Edouard Michelin）两兄弟构想的，目的是方便驾车人士的出行，没想到却使汽车的销量大增，进而也使轮胎的购买量大增。在 20 世纪初，这么做算是一件创新的事情，但在如今这个所有企业都拥有自己媒体渠道的时代，这么做已成为一种必要之事。

如果一家企业将其营销传播的重点放在它的产品或服务上，就不太可能创造出与潜在客户在情感上有联系的信息材料。这样的话，它的市场营销就不太可能被分享。这也意味着它将错过当今最有效的市场途径之一。如果不注重创造信息价值，任何传播都不可能真正吸引潜在客户。现在的市场营销本身就是一种产品。因此，在这个数字时代，仅仅描述自己的产品和服务以及它们的好处，反而很可能会因此失去市场。

企业要想让自己的营销传播产生积极的影响，所有信息传递的焦点都应该是客户以及他们的困难、希望、梦想和追求。这样一来，企业创造的传播内容就具有了在情感层面上打动客户的最佳机会——这是成功的前提。如果一家企业在营销传播中，能够避开专注其产品和服务的方式，转而采取"让客户成为主角"的方式，那么它就更有机会从其营销努力中获益。

错觉二十

我们正处于服务型经济的时代

错觉二十
我们正处于服务型经济的时代

18 世纪的农业革命带来了粮食的增产。小农场主及其雇农遭到边缘化与淘汰,结果是,靠务农挣钱的机会变得越来越少。

这些农民最终迁移到了城市,在那里他们找到工作,从事工业革命期间出现的各种新的工作岗位。与他们之前从事的传统农业工作相比,他们赚到了更多的钱,因为他们在工作中加入了更多的感知价值。也因此,社会变得更加富裕。随着时间的推移,世界从农业经济转变为产品经济,从事产品生产的人数多于从事农业生产的人数。

随着制造效率的提升,这种演变模式还在继续不断地被重复演绎着。生产率的提高导致商品制造所需人员的减少。随着时间的推移,开始出现提供服务的行业,感知价值进一步得到了提升,人们所能赚取的工资也更高了。社会变得更加富裕,反过来又推动了对更多服务型工作的需求。

由产品经济向随后的服务型经济的转型,使得公众的种种期望以及对金钱价值和生活重点的看法,都受到了影响。人们期望能有更高水准的客户服务,也愿意在这方面支付更多的钱。从二十世纪五六十年代美国快餐业的发展就可以看到,外出就餐这类活动变得越来越普遍了。

产品的商业化导致了制造业的"服务化"。那就是,为了创造竞争优势,制造商会想方设法围绕其产品来提供各种增值服务,借此建立收益流并提高盈利。

今天,我们都处于一种全球性的服务型经济中。2019 年,服务业占全球 GDP 的 68.9%。在高收入国家,服务业的平均占比为 GDP

的 74%，即使在中低收入国家，服务业的占比现在也达到了 57%。

到目前为止，已有的服务业效率一直都落后于制造业。在工业中，机器早已代替了人工，因而提高了流水线的成本效益；但我们所购买的许多服务仍然需要靠人工来提供。而数字和技术革命的出现，已经改变了这种状况。

平板电脑和移动技术提高了餐馆的点餐效率，减少了企业对服务人员的需求。物联网催生了智能仪表、智能锅具等，这意味着可以对家用电器进行远程的维修保养和操作，减少了对于人工的需要。呼叫中心的员工正被聊天机器人所取代。而随着人工智能和智能助理功能的提高，我们很快就能看到，许多客户服务的互动将不再需要由人来完成。随着越来越多的商业活动在网上进行，零售行业的工作机会正在减少。无人驾驶汽车很可能导致卡车、公共汽车和出租车司机失业。

正如商品生产能力的提高催生了服务业的繁荣一样，我们现在正目睹服务业内部发生这种同样的变化。机器正在取代人工，服务效率的提升正在使服务工作成为一种商品。过去，能够提供具体的服务项目是企业创造竞争优势的一种方式，但在今天，它们正在成为一种普遍的期望和要求。

现在，提供服务已经不太可能是一种增值的手段了，它们更多是为了使企业拥有竞争力。这种局面意味着，那些认为自己仍然处于服务型经济中运营的企业，将难以创建一个吸引人的消费主张，也很可能失去使自己从行业中脱颖而出的机会。

随着服务的商品化，企业需要了解如何去增加价值以吸引顾客。约瑟夫·派恩二世（B.Joseph Pine Ⅱ）与詹姆斯·吉尔摩（James H.Gilmore）在他们 1998 年合作发表的一篇名为《欢迎来到体验经济》的文章中，给了我们这方面的答案。我们正从曾经以制造商品为基

错觉二十
我们正处于服务型经济的时代

础，到目前以提供服务为主导的经济，转向建立以顾客体验为平台的经济。

汽车业就是这一逐步发展演变的一个很好的例子。拥有一辆汽车，曾经是利用运输系统最具成本效益的一种方式。所以，汽车是作为一种商品来推销的。科技的进步催生了优步（Uber）这一类的服务行业。优步诞生于2010年，该服务利用数字通信将乘客与私家车司机相连接。卫星导航意味着私家车司机现在可以在不需要专业知识的情况下，高效地接送乘客。与之相比，驾驶伦敦黑色出租车的司机们，则被要求学习这方面的"专业知识"。

这些发展意味着，对于相当多的城市居民来说，拥有汽车不再具有成本效益。例如，优步在美国的平均乘坐费用为每英里1.50美元；在纽约市，拥有私人汽车每英里却要花费3美元。对于许多人来说，像优步这样的公司已经把汽车从一种产品变成了一种服务。无人驾驶汽车还将进一步拉低乘车价格，这将导致大多数人不愿再购买汽车。汽车最终将不会被大众视为一种产品，而是一种纯粹的服务。随着市场的成熟，无人驾驶汽车将极有可能被商品化，最明显的差别只是在于价格上的不同罢了。

在技术和法规的监管下，所有这些汽车都能够完成将乘客安全送达的目的。每家企业都将使用相同的基础设施——道路系统、GPS卫星系统等。由于不再能够从服务方面进行竞争，它们将不得不从为乘客提供体验的方面下功夫。例如，内饰的豪华性、旅程上提供的茶点、车内娱乐——电影、音乐、游戏等。消费者对特定企业的忠诚度可能会给他们带来更大程度的个性化服务，各种的奖励、惊喜和其他特权。虽然每家企业都能够提供类似水平的服务，但是针对特定受众而设计的特殊体验，可能意味着消费者个人会选择某家供应商而放弃其他的供应商。

161

营销错觉
—— 打破 26 个认知，成就高效营销

服务和体验之间存在着两个根本上的区别。首先，正如派恩与吉尔摩所说的那样，产品是有形的，服务是无形的，体验是令人难忘的。换句话说，当把它们整合在体验中时，产品和服务就能够以一种独特的方式被利用，创造出一个引人入胜、令人难忘的经历。派恩与吉尔摩对此的说法是，产品靠制造，服务靠交付，而体验靠的是精心设计。

一项服务只要运作的效率高，就能够发挥作用。例如，廉价航空公司经常可以提供可靠并且具有竞争力的服务，但是不会让乘客感到高兴和有再次乘坐该公司航班的期待。与此相反的是，体验超越了单纯的实用。体验的提供者必须明确他们想要客户获得什么样的感受。体验的提供者可以将情感上的可交付成果作为定义其参数的关键方式。在此之后，他们将"精心设计"与客户之间的各种邂逅方式，以确保他们的客户在离开时，感到自己已经成为某种美好经历的一部分。

例如，来到苹果直营店并不只是简单的购物。在它的每一个零售网点，苹果直营店都会利用它的产品和客服为客户设计一种体验。各种产品摆布合理，客户可以通过与产品的互动，了解各款不同产品的性能。"天才吧"不仅仅从功能上为消费者提供技术支持，它还从设计的风格上，让消费者感觉自己是身处酒店的贵宾区。

购买苹果产品的人会发现，打开包装盒本身就是一种产品的体验。亚当·拉辛斯基（Adam Lashinsky）在《苹果内幕》（*Inside Apple*）一书中，提到了苹果是如何刻意设计产品包装盒的内在空间。换句话说，体验的感觉远远超出了产品本身。甚至连拆解包装盒的过程，也必须能体现出那份恰到好处的腔调和感觉，这种体验并非无足轻重。

其次，在商品和服务被"生产出来"或"交付给"购买者的同时，产品的体验也就一起"归属"于购买者。从本质上来说，尽管大多数产品和服务对于购买者而言，是一种身外之物，但体验与购买者本身有关——他们在情感上、身体上或智力上都投入其中了。

举例来说，许多现场活动，如音乐会或体育赛事，都属于一种体验，因为它们对于观众而言，并非外在的东西。现场气氛不仅仅是由音乐家、运动员和团队，还包括在场的成千上万的人，一起传递出来的。一场没有现场观众的大型体育赛事是完全不一样的。拥有大量的观众是创造这个场景的必要组成部分。支持者，或者说狂热爱好者，与赛事是密不可分的，他们是赛事成功的重要因素。

虽然大多数的电视节目和电影并不会给观众提供某种体验，但是某些能在情感上打动人们或在智力上激发人们的节目或电影，也会为观众创造出一种体验。同样，虽然许多餐馆只是为顾客提供功能性服务，但有些做得更好的餐馆却能为顾客带来某种的体验。例如，位于纽约的 Jekyll and Hyde 餐厅，为客人精心设计出一种主题体验。通过角色的表演和特效，顾客们仿佛回到了 20 世纪 30 年代，那种在鬼怪的探险者俱乐部里吃东西的感觉。

在企业对企业的商业环境中，WeWork 绝不是一家仅仅提供办公空间出租的公司。WeWork 的目标是"打造一个让人们为享受生活而工作的空间，而不仅仅是为了生存而工作的空间"。WeWork 所设计的办公空间，是为了使之能形成社区的气氛，给员工带来一种归属感。通过这种方式，该公司从一个纯粹的服务提供商，变成了为其用户们创造一个完整的互动工作体验的设计师。

出于对人们在遇到技术故障时束手无策的考虑，罗伯特·斯蒂芬斯（Robert Stephens）创立了电脑维修服务公司——"电脑特工极客队"（Geek Squad）。其理念是让这种行业放下身份，为普通人带来乐趣，而不像一般的技术专家通常所表现的那样令人生畏。"极客队"开着黑白两色的"极客队"甲壳虫轿车，车身印有一个以橙色圆圈为底色的黑、白两极队标,成员穿着白色短袖衬衫和黑色西裤,配上黑色领带,他们到客户家中不仅维修电脑,还围绕这项服务为客户创造了一种全新的体验。

我们见证了这种体验经济的不断增长。在零售业中,耐克城（Nike Town）商场被布置成一个概念小镇,出售各种特色运动商品的建筑群环绕着小镇的中心广场。在这里,每周都会有来访的运动员在广场中举行各种的体育活动。

"首都一号咖啡馆"是一家银行,人们可以在这里喝杯咖啡、吃点零食、忙点自己手头的活、使用这里的无线网络,当然,还可以和理财顾问聊天。这些开放的空间不仅仅是开展银行业务的功能性建筑,它们的存在是为了让人们感到舒适,便于培育客户关系。这些围绕客户可能的任何需求所提供的各种增值服务,突出的是一种体验。

除了提供住宿,爱彼迎（Airbnb）还通过本地"房东"为游客提供各种体验活动,包括观光旅游、研讨会和各类学习课程等很多有趣的活动。

在通过技术使服务商品化的同时,各类社交媒体也在助推对体验的需求。

今天,我们的在线帖子在展示自我与让世界知道我们是谁的方面起着重要作用。分享一张购物的照片可能会被认为是炫耀和低俗,而在一场活动中、在一个地标的顶部或在从事一项活动时所拍的照片,则更容易被人理解和接受。它不会被看作是在炫耀,而是一个让别人了解其生活和目前正在做什么的窗口。如今,人们越来越看重的是你在做什么,而不是你拥有什么。

跨越了农业经济并不意味着我们不再需要购买食物。同样,在服务型经济中,我们也仍然需要购买大量的产品。当然,客户服务

错觉二十
我们正处于服务型经济的时代

始终都是非常重要的，企业必须提供客户服务才能获得业务。正如我们在之前所看到的经济转型一样，企业需要明白经济模式正在再度发生转变。如果一家企业不能理解世界正开始从服务型经济中向前迈进，它的思路将受到限制，使其难以进行市场竞争，并阻碍它吸引真正想要赢得的客户。

错觉二十一

客户的购买旅程不再是一个线性过程

错觉二十一
客户的购买旅程不再是一个线性过程

在购买的过程中，人们会使用一些资源，包括访问网站，阅读文章和博客，查看常见问题，下载白皮书和行业报告，查看社交媒体帖子并在这些平台上进行对话，观看视频，观看在线研讨会和演讲，并参考一些信息图表、内情报告、检查单、数据图表、同行评议和案例研究。

除了利用这些在线信息，许多人还会与同事展开一些探讨和对话，与行业专家进行讨论，并与可能的供应商方面的销售人员进行交流。

由于在任何时间里都能够获得所需要的各种信息，买家可以在不同的平台和渠道之间来回切换。

从旁观者的角度看，买家的这些举动似乎与购买行为毫无关系。潜在客户如何处理和利用这些信息也不再一目了然。这些看似互相矛盾的举动让人们得出这样的结论：购买旅程本身已经不再是一种有序的行为了。

近年来，认为顾客购买旅程不再是线性旅程的观点变得越来越普遍。但事实并非如此，人们其实混淆了两种不同的现象。

在万维网出现之前，买家要独立完成一次购买旅程是极其困难的。由于获得信息的条件有限，买家必须先与一家可能的供应商的代理人进行接洽后，才能确定可以有哪些购买的选择。

过去，对消费者而言，要购置一处房产，必须与房地产经纪人进行接洽；而购置一辆车，就要与汽车展厅的销售人员进行沟通，这是购车过程的一部分。

在企业对企业（B2B）的交易中，买家在购买旅程一开始，就

169

已经是明确无误的潜在客户了。

因为，在几乎无法获得信息的情况下，买家要想了解产品定价、条款、附带条件以及其他产品细则，就必须与企业方面的人员进行接触。

不想进行这方面接洽的买家也可以先打电话给这家企业，要求企业将宣传册或更多相关资料寄给他们。然而，精明的销售人员都会在几天后对该请求进行跟进，核实对方是否收到资料，并设法争取下一步见面的机会。

实际上，这意味着销售人员会对潜在客户整个购买旅程进行引导，这样，在任何时间，他们都能确切地知道潜在客户在购买的过程中进展到哪一步。当然，很可能会有不止一家企业在争取这单生意，销售人员的这单生意可能会被其他的竞争对手抢走。尽管如此，在销售人员引导潜在客户购买旅程中，他们对潜在客户的购买路径是清楚的。

今天，情况已完全不同了。94%的企业对企业（B2B）买家表示，他们在购买之前会上网先做一些情况了解。这其中的绝大多数客户表示，当他们购买一件产品前，他们获得的与交易相关的信息，一半以上都是通过线上获得的。

在以前，销售人员能够在整个购买旅程中引导潜在客户，而现在，买家有了更多的自主性。重心已经转移了。销售过程不再由销售人员决定，买家也可以掌握自己的购买旅程。

因此，企业现在变得很难追踪客户的购买旅程。销售人员再也无法在整个购买环节中引导潜在的客户，因此也就无法确定他们在购买旅程中具体进行到哪一步。现在的买家，不仅会浏览各种网站，他们还会与在线专家交谈、在社交媒体上发帖、与销售人员讨论、阅读帖文、观看视频、分析案例研究和了解同行的评论。

错觉二十一
客户的购买旅程不再是一个线性过程

由于缺乏对买家在购买旅程中所处位置的了解，再加上潜在客户在获取丰富信息的方式上似乎表现出很大的随机性，因此，人们声称购买旅程不再是一个线性的过程了。但是，这种说法并不准确。

虽然购买者的购买旅程在方式上已经改变，但从心理上来说，人们还是和从前一样，购买旅程中的认知步骤并没有改变。对于购买旅程存在着各种不同的描述，根据美国哲学家和心理学家约翰·杜威（John Dewey）的模型，这个过程是由以下五个步骤所形成的：

1. 问题意识。购买的第一阶段是对一种需求存在的感知。它通过内在的刺激产生，例如，人会感到口渴。另外，外部广告或口头宣传也可以带来对需求的刺激。他人的行为也会使人产生对某种需求的欲望，例如，看到其他人都在买冰激凌、都买了新手机等。

2. 信息搜索。有了问题意识，人们就会去寻找解决办法。办法可以来自人的记忆和经验等内在的方式。例如，如果渴了，人们可能就会想起以前喝过的一杯冰镇可口可乐或啤酒是如何满足解渴需求的。而对于相对复杂的购买，他们会着手寻找可能的解决方法。

3. 评估。在这个阶段，人们将对已知的所有解决方法进行评估，综合各种因素后，筛选出其中一个。例如，与啤酒相比，口渴的人可能会选择可口可乐，因为他们还有工作要做，而且喝啤酒可能会对他们的工作产生不利影响。如果他们去的那家店可口可乐已经卖完了，只剩柠檬水，从便利性和时间不足的角度考虑，他们就会认为柠檬水是目前最好的解决方案了。解决方案的复杂性、所涉及的时间尺度、所感知到的风险的级别，将决定人们在评估一个决策时可能花费的时间。如果他们不能找到一个可接受的解决方案，他们就会返回到信息搜索的阶段再重新开始。

4. 购买。买家既可以通过立即付款、下订单，也可以通过签订合同的方式进行购买。当然，从人们意识到自己有需求的存在，到开始搜索信息，再到评估可选方案，最后也可能决定什么都不买。所以，企业常常不是输给了竞争对手，只是因为潜在客户决定以后再买，或者干脆放弃购买。

5. 售后。一旦购买行为产生，企业所提供的购买体验将会对客户带来影响。他们可能会决定退货或退出合同，也可能再次购买、成为老客户、留下正面评价或将供应商推荐给其他人。

无论购买者在做出购买选择时可能会有多少种渠道，购买旅程中的这些步骤顺序都是不变的。那些所谓购买旅程不再是线性的说法，只能说明过去几十年的技术发展，已经从心理上改变了人类几千年来做决定的方式。的确，与前几代人相比，在大部分地区，现在的消费者能从更多的渠道获得更多的信息，但这并没有改变他们做出决定的认知过程。

消费者在购买旅程中不同阶段所停留的时间，取决于他们所购置的物品。超市的特价活动可能会导致问题意识的产生，也就是说，消费者不想错过这样的打折活动。价格信息就摆放在他们眼前已熟悉的产品上。他们可能会立即做出评估，认为这个价格非常划算，将其放入他们的购物篮中。对于低风险和低成本的购买，整个线性旅程可能只需要几秒钟的时间。

另外，高成本业务方面的投资决定，也许要花费很长时间。面对这样的问题，作为买方的群体可能会先搜索相关的信息。在评估那些可获得的解决方案后，他们可能会觉得没有一个方案是合适的，然后他们就会重新返回上一个阶段，去搜寻更多的信息。再次的评估可能会产生一个购买的提议。将这一提议提交给公司董事会时，可能会有人提出一些质疑，购买团队就必须再次进行新一轮的评估，

错觉二十一
客户的购买旅程不再是一个线性过程

甚至还可能需要重新搜寻更多一些的信息。虽然这个过程本身是线性的，但在进行购买之前，买家可能会在不同的步骤之间来回徘徊。

当人们的购买决策以销售人员为主导时，企业就比较容易搞清楚人们的购买旅程，并可以确定潜在客户在购买旅程中进行到哪一阶段。

但在如今由客户掌握着主动权的情况下，企业比以前更不容易了解客户具体进展到购买旅程的哪一个阶段。

对于企业来说，虽然没有确切的方法可以绝对肯定地知道潜在客户在购买旅程中的位置，但还是有一些标识物是可以利用的。随着购买旅程向线上迁移，企业需要针对购买旅程的不同阶段，打造不同的信息内容。

在问题意识和信息搜索阶段，人们会寻找可能的解决方案并做出适当的选择判断。因此，一篇文章、一段视频或一份详细说明不同选择区别的清单，对买家来说是非常有用的。各类"使用指南"的视频和文章，以及围绕特定主题的简短网络教育研讨会或视频，都属于契合这一部分购买旅程的材料。

购买旅程的评估阶段，是客户试图确定最合适的解决方案和最佳供应商的阶段。这就是网络研讨会和视频起作用的地方，它们更为深入细致的阐述，有助于使客户对这一解决方案产生兴趣。在这个时候，案例研究、现身推荐、常见问题的解答、专利说明书、数据表和演示都是有价值的。这是一个重要阶段，企业可以借此阶段展示自己的专业能力、赢得客户的信任、让客户感觉自己是一个可靠的选择，并被视为一个真正可以为他们增加购买价值的供应商。

虽然这并非精密科学，但通过了解潜在客户所关注的特定内容，企业可以了解他们在购买旅程中实时的阶段。这样不但可能改变销售人员接近潜在客户的方式，也可能让销售人员通过获得的信息，引导客户通过在线留言、电子邮件或电话与企业进行业务联系。

　　毫无疑问，随着越来越多地方的购买者可以获得越来越多的信息途径，购买旅程变得更加复杂。与此同时，客户更加频繁地进行自主搜寻和评估，使得可能的供应商直接参与和指导的情况变得越来越少。因此，企业很难知道潜在客户所处的购买阶段以及他们当时所做的决定是什么。然而，这并不意味着购买旅程不再是线性的。虽然复杂性增加了，但做出决定的认知过程并没有发生改变。

错觉二十二

我本能地理解我的客户

一家具有时尚意识的新品牌服装公司，正准备招聘一位新的市场经理，该公司品牌的目标市场是 18~30 岁中等收入的女性。应聘者中，有一名 29 岁的女性，从表面上看，她应该属于公司的目标市场人群。在此之前，她从事的两份工作都是市场营销，分别服务于一家金融服务公司和一家科技公司。

　　另一位应聘者是一名 52 岁的男性。尽管他目前正在为一家橄榄油生产商工作，但与此同时，他在与跨国服装公司的合作方面，也拥有丰富的工作经验。那么，公司应该聘用哪一位呢？

　　当然，从表面上看，这位女性候选人很有可能对企业的目标市场有着本能的理解，有辨识客户和了解客户的能力。从这方面看，她似乎更适合这个职位。另外，承认自己与客户没有共同点，将迫使这位 52 岁的男性用心去研究和了解这个市场，了解买家的需求、挑战和愿望。而且，他以前还有从事这个领域的工作经验。

　　事实是，根据现有的信息，不可能知道谁能把这份工作做得更好。成功并不取决于受聘者与企业的目标市场的相似程度，也不取决于他们之前在该领域的工作经验。最为重要的是他们在市场营销领域的工作能力。

　　两位候选人都可能陷入自认为了解市场的陷阱：从人口统计学的角度来看，这位女性候选人属于目标市场群体，她可能会错误地认为她的观点代表了整个市场的观点；而这位男性候选人，也可能因为他以前在该领域的工作经验，认为这些可以为他担任新职位时所做的决策提供支持。

　　事实上，大多数的营销人员都不属于企业营销传播目标市场中的人群。即便他们属于，便因此认为他们能凭此了解客户，那也是大错特错的。仅仅从品牌角度出发去考虑的营销人员，是不可能站在客户的角度上来看待企业的产品或服务的。

首先，买家停留于思考商品的价值主张或品牌的平均时间是非常短暂的。相对而言，市场营销经理则每天都在对市场目标、价值主张、市场定位和营销传播这些问题进行思考。仅凭这一点，营销经理就不可能用潜在客户的眼光来看待产品与服务。一个员工还会受到企业内部交流、个人性格和企业目标诸多因素的影响，而客户对此不但一无所知，也毫不在意。

况且，潜在客户会根据自己的需求、关注点、目标、追求和同伴群体等来评估产品，而营销人员则无法避免他们的观点和决定会受到他们对于个人的职业发展、薪水、奖金、个人自豪感以及同事的顾虑和想法、他们在同事中的声誉等诸多因素的影响。

企业中有太多的人，从首席执行官到高级营销人员，因为拥有丰富的行业经验，或者认为自己是营销领域的行家，便自认为他们可以本能地了解客户。正是这种推理导致企业生产出许多失败的产品。这可以归咎为他们在制定决策时，无意中表现出以企业为核心的习惯做法。

对企业而言，这是目光短浅。这种做法被称为"以产品为导向"。它们凭自己的直觉和个人的观点来看待它们的企业，关注自己能做什么以及擅长做什么，然后再根据这些设想推出企业的产品和服务。这些企业先有了产品主张，再去寻找可能购买它们产品的客户。它们有这样一种错觉，认为只要通过它们的品牌传播和销售人员的努力，就能够开启市场，说服客户接受公司推出的新奇产品或服务。这种由企业做出的市场需求的判断，仅仅是依据少数人的直觉和看法。

错觉二十二
我本能地理解我的客户

当企业所发布的信息无法与市场产生共鸣时,它们的营销传播也同样难有任何的影响力。高层管理人员或营销部门经常会在企业内部,对他们更喜欢哪个标识、标语、活动设想、信息或概念的表达等事项展开研讨。他们会因为自己的行业经验或精通市场营销,强调自己的专业观点并争吵不休。一直以来,这种自以为他们本能地了解客户,并因此知道怎么做才能有效地影响消费者的想法,只能证明一件事:他们实际上对市场营销一无所知。

对于任何企业高层或营销人员来说,要创造出市场真正想要的产品和进行有效的营销传播,唯一的办法就是完全以市场为导向。以市场为导向的理念是,任何成功的企业都要从用户开始。营销人员的工作是了解客户的需求、要求、愿望、追求、困难以及可能出现的各种市场情况。市场营销人员是企业和市场之间的纽带。企业可以利用这些人员所获得的信息,来创造与那些客户产生共鸣的产品并开展营销方面的传播。

最优秀的营销人员不会有自己是专家的幻觉,也不会认为自己凭本能就能了解客户。相反,他们会假设自己一无所知,将自己的观点和偏好与客户的观点和偏好区分开来,然后再着手去寻找答案。

这就要靠定性和定量的研究来完成这项工作了。定性研究来源于人种学,即对人与文化的研究。用商业术语来说,它就是要离开办公桌,去和客户和潜在客户进行交谈。也就是说,要经常光顾人们购买和使用企业产品和服务的地方。归根结底,市场营销是一项与人接触的工作。如果没有与买家进行接触,没有亲眼目睹他们是如何与产品进行互动和如何使用产品,任何市场营销人员都无法对市场有一种正确的认识,更谈不上进行有效的营销工作了。

小组访谈同样也能发挥作用,只要受访群体确实是由真正代表目标细分市场的人员组成的。倾听他们的观点、理解他们的想法以及他们对市场的看法，可能是非常有益的。

　　对于目标市场很小的企业来说，定性研究所获得的信息，也许就能使它们对客户有足够了解。当企业有较大的目标市场时，可以将定性研究作为定量研究的基础。定量研究以量化的数据作为基础。换句话说，就是数字、表格和那些可收集到的分析数据。定量研究最有效的方法之一是进行顾客问卷调查。企业打算纳入问卷调查中的问题，必须取自定性研究的结果。

　　例如，定性研究可能表明，人们认为该企业是可靠的、该产品易于使用且外观精美。定性研究还可能揭示出产品与服务的一些负面属性，比如，一些潜在客户认为企业的客户服务质量很差。用美国社会科学家伦西斯·李克特（Rensis Likert）开发的李克特量表（Likert Scale），可以将产品与服务这些不同的属性转化为具体的问题。量表使用五个对应等级，从非常不满意到非常满意。这样就可以得出诸如你在多大程度上认为该企业是可靠的等问题的答案。这种态度数据可以让人们对市场在某个产品的看法上有一种理性的了解。

　　如果将这些问题与人们在购买时如何选择各类产品的品牌，包括他们的偏好、使用情况和满意度之类的行为问题结合起来，那么，企业就可以真正开始了解这些想法在多大程度上影响了他们的购买决定。问卷调查对象所提及的有关他们对于企业其他竞争对手的看法，可以帮助企业了解市场对它们的感受、了解买家有什么样的关键购买标准，以及这些不同的衡量标准对企业和买家彼此产生的影响。

　　为了确保定量研究的准确性，就必须使用正确的样本容量。在网上随便搜索一下都会跳出许多在线的"样本容量计算器"，只要输入一些数据就可以得出样本容量。当然，首先需要了解市场容量。

市场容量通常以"总体"（Population）一词来表示，即目标市场的人数或企业的数量。例如，如果目标市场是美国的律师，那么这个总体大约就是 130 万。

置信区间，或误差幅度，代表样本受众与总体之间答案真实值的差异。因此，如果置信水平为 3，则表示误差范围为 ±3%。这意味着，如果 85% 的受访者以特定的方式回答一个问题，那么你就可以判断出 82%~88% 的目标市场总体都会以相同的方式回答这一问题。

最后，置信水平是指在误差范围内答案的真实性程度。大多数市场调查要求置信度在 95%。因此，如果目标市场为 130 万美国律师，通过样本容量计算器，以 95% 的置信水平和 3% 的置信区间或误差幅度进行统计的话，那么就需要有 1067 名律师规模的样本容量。

除了进行定性和定量研究，营销人员还可以使用其他一些有效的工具帮助自己把握市场的动向。使用诸如谷歌之类的搜索引擎，对"挑战""产品"和"用户看法"这些词条进行搜索，可以为他们带来一些启示。

在社交媒体平台上进行调研、阅读帖子或与客户对话，也有助于增加企业对市场的了解。评论文章、博客上的评论、论坛以及像 Quora 这样的问答平台，也都是了解市场的渠道。

一些其他领域的数据，如销售额、用户数量、特定企业的市场份额、人口统计分析、对市场的看法等，也可以借助皮尤研究中心（Pew Research Center）、全球民意调查统计数据门户（Statista.com）和舆观调查网（YouGov）等网站来获得。

一旦以市场为导向的方法来进行决策，就可以确保企业对市场的需求、愿望、向往可以有真正的了解。当然，除了调查、销售和税收这些工作，还有其他一些措施有助于对营销传播策略的效果进行评估。

品牌跟踪是指使用定量数据来衡量目标市场对品牌的看法。通过每年进行这样的测试，公司可以确保一个品牌在市场上保持其地位和声誉。它可以凸显一些问题，比如人们是否开始感到某个品牌已经过时，或者该品牌正在被竞争对手所超越。这些意见通常是可以在销售收入下降之前被发现的，这使企业能够在这些问题还处于萌芽状态时就采取应对的措施，以免它们对企业产生更大的影响。

最后要提到的是净推荐值，或称 NPS，它是衡量客户满意度的一种简单有效的方法。将这项得分情况与相关市场中的竞争对手进行比较，也可以提供一些了解企业与其他供应商相比较的情况。

企业所制定的战略营销决策，不应该基于人们的直觉或以往的经验或所谓的专业知识。可以说，不存在所谓的营销专家，因为任何市场都处于不断变化之中，客户的需求和期望值也在不断进化。自认为拥有直觉就能知道客户想要什么，或者可以本能地知道市场下一步会有什么重大的需求变化，只是一种谬论。

以市场为导向并不意味着企业必须去问顾客他们想要什么。这么做永远不会带来创新，因为人们并不可能知道会有什么东西出现。例如，在电话发明之前，顾客只要求更快、更高效的邮政服务，而不是一个可以让他们与数千英里之外的人实时交谈的设备。

史蒂夫·乔布斯经常被作为不相信市场调研的例子，因为他曾经说过，苹果的工作就是在顾客知道自己想要什么之前，先算到顾客想要什么。虽然这是真的，但在他的任期内，苹果也使用了小组访谈和市场研究的做法，这些是人们在苹果与三星进行的官司中得知的。

这是因为只有进行定性的、必要时定量的市场研究，市场营销人员和商业领袖才能确保他们能够真正了解客户。在此基础上，他们可以进行创新，做出明智的决策，同时为客户和企业带来令人满意的结果。

错觉二十三

市场营销仍然可以依赖传统的购买漏斗模型

错觉二十三
市场营销仍然可以依赖传统的购买漏斗模型

威利·萨顿（Willie Sutton）是20世纪三四十年代美国的一名银行抢劫犯。他曾两次越狱，最后一次入狱是在1952年。据估计，在他的职业生涯中，他一共抢走了200万美元，这相当于今天的2000万美元。据说，当记者问及他抢劫银行的原因时，他的回答是："因为那儿有钱。"威利·萨顿的这一回答使他闻名遐迩。

与此相同的是，企业也必须确保它们能出现在客户和潜在客户经常光顾的场所，因为"那儿才有钱"。在数字通信时代到来之前，人们没有太多的信息渠道。由于无法方便地了解和评估可用的产品、服务和解决方案，消费者会留意他们所看到的各种广告、信息和资讯。

因此，企业通过直邮广告、推销电话、参加相关会议和展览以及报纸、杂志、广播和电视等适当的媒体，确保让自己出现在客户的眼前。

过去，了解营销传播活动有效性的模型通常用传统的圆锥形购买漏斗来显示，如图23-1所示。

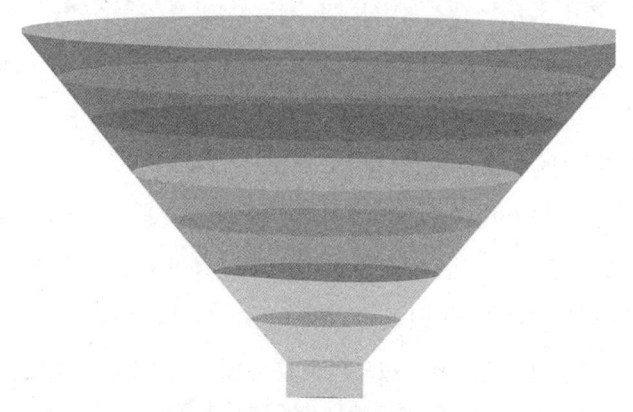

图23-1 传统购买漏斗

顶部宽大的原因，是由营销传播的瞬态特性所决定的。例如，如果某人目前无意购买新的厨具，那么他收到的包含厨具特别优惠券的信函很可能会被扔进垃圾箱。同样，杂志上的厨具广告也只是被一扫而过，而杂志本身要么被扔掉，要么被放在架子上招灰尘。

任何市场在特定的时间里，准备购买的只是很小的一部分人群，因此，即使是最有效的广告也只能获得相对少数人的关注。在这种情况下，企业如果能够获得尽可能多的相关潜在客户的关注，收到的咨询就越多。宽顶是用来表示企业将尽力争取尽可能多的相关潜在客户。

对消费者群体而言，个人只要不理会这些宣传，就能将自己置身于这个购买过程之外。与处于漏斗顶层的营销对象的人数相比，处于漏斗底层的那一小部分则代表了相对较少的一批潜在客户，任何营销活动的目的都是想将他们转化为自己的客户。

在企业对企业（B2B）的环境中，对那些在营销传播过程中有回应的潜在客户，企业必须安排人员，通过书面通信、电话或面对面沟通的方式进行跟进。企业没有更多的资源去关心那些没有做出回应的潜在客户。在有限的时间内，销售人员会把精力集中在最有可能的购买者身上，以完成他们的业绩和目标。购买渠道会变得越来越窄，因为随着一些潜在客户退出这个购买过程，最后就剩下少数客户留在购买漏斗的底部。

传统的购买漏斗模型是由圣埃尔莫·刘易斯（St Elias Elmo Lewis）于1898年创立的。很难相信，一个120多年前发展起来的概念，在今天依然是商业的理想模型。正如我们大家将要看到的，实际上，人们不应该继续依赖传统的购买漏斗模型。相反，我建议企业使用图23-2所示的"数字销售漏斗"。

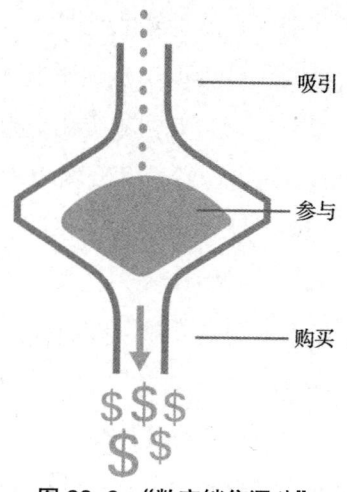

错觉二十三
市场营销仍然可以依赖传统的购买漏斗模型

图 23-2 "数字销售漏斗"

之所以称为"数字销售漏斗",是因为它反映了数字技术带来的变化。而且,该模型可以被应用于所有的营销渠道。

传统的购买漏斗模型过时的原因有很多。首先,这个漏斗模型创建的时代,是在相对容易获得人们注意力的时候。在1898年,人们会不像今天这样收到大量的垃圾邮件和广告。可以肯定地说,在那个时候,人们会去阅读信箱里的邮件。现在的人们总是利用广告时间去冲咖啡、吃快餐和上厕所等;但是在电视的黄金时代,电视频道不多,晚间的热门家庭电视节目就能俘获大量的观众群。

如今,我们处于信息超载的时代,各种数字渠道和无休止的营销传播一直在我们的周围喧嚣,注意力已经成为这个星球上最稀缺的资源之一。对许多企业来说,仅仅通过购买注意力来销售产品和服务的模式是不可持续的。

与此同时,消费者不再被动地利用公司营销传播的信息来寻找产品或服务。购物旅程越来越多是从网上开始,消费者会选择从网络、社交媒体、论坛和评论网站上主动地搜索可能的供应商。

因此，通过那些花费巨大的促销活动来寻求关注不再是企业的唯一选择，就像传统购买漏斗模型中宽顶所显示的那样。虽然在某些情况下，企业还是会决定通过花钱来吸引大众的注意，但如今获得关注已变成一个持续的过程。企业网站和社交媒体页面的内容需要不断更新，而且与报纸广告或电视广告不同，它们还必须能够被随时看到和访问。

久而久之，企业也可能会像以前一样拥有尽可能多的潜在客户，但是这不是通过举办一系列大型活动得到的，而是通过一个持续的过程。"数字销售漏斗"的狭窄顶部反映了一个事实，即企业应该通过不断为其在线媒体创建有价值的内容来吸引人们持续的关注。

直邮广告或电台广告自身的有效期是有限的，更何况它们只能在受众看到或听到的那一刻起作用，而网络媒体可以随时被访问，因此有效期更长。类似按点击付费和重新定位这样的策略，往往会在较长的时间框架内被使用，而传统的广告活动可能只是持续几周的时间。不同于广告那种一次性触达的方式，网络媒体策略的原理是提供稳定的问询流。即便在进行更大型的市场推广活动时，也不应该减少对于在线媒体所需要的持续投入。

"数字销售漏斗"反映了这样一个事实，即尽管企业仍然可以采用向传统媒体付费的方法来吸引关注，但这只是作为对现在那些全天候渠道的一种补充，这些渠道是过去所没有的。现在，企业需要的是通过自己拥有的媒体渠道，不断地吸引潜在的客户。"数字销售漏斗"代表了这样一个现实：获得关注是一项持续的日常工作，并不是一年中偶尔开展几次的大型活动所能取代的。

传统购买漏斗模型的中间部分反映了这样一个事实，即一家企业从最初对大量受众进行营销传播到该群体的规模逐渐减小，直到最后剩下相对少数人成为顾客的过程。在过去，尽管忠实奖励计划

错觉二十三
市场营销仍然可以依赖传统的购买漏斗模型

和会员资格等优惠的方式,可以使企业与已有的客户保持持续的沟通,但在消费者的世界中,除了举办昂贵的大型媒体宣传活动,没有其他方式可以吸引到潜在的客户。

在商业领域,销售人员负责培育潜在客户,并将有兴趣的潜在客户引导转变为客户。这种操作机制靠人与人之间的沟通来进行,因此是一个耗时的过程。销售人员在一定时间里,所能接待的潜在客户的人数有限。其结果是,企业花钱吸引了潜在客户的注意,但是它们没有机制跟进那些当时没有购买或没有做出回应又确实已显示出对产品或服务感兴趣的人。

现在,企业拥有媒体渠道。就像传统的电视、报纸和杂志一样,数字媒体(例如社交平台上的网站和页面)使企业能够建立起自己的受众群并通过其创建的网站内容留住受众。为了实现这一目标,企业网站的内容必须让人们看到购买之外的价值。在企业对企业(B2B)的领域中,可以为企业解读一些相关的行业趋势、最佳做法和最新报道。在面向消费者时,则可以提供关于名人、潮流与时尚、生活方式的信息以及举办各种竞赛。

这类内容能使企业赢得关注,也能让潜在的买家在并未进入购买市场时,持续保持对企业的关注。以前,培养观众的成本是超乎寻常的昂贵。每寄一封信都需要花钱。销售资源会随着销售人员进行的每一次谈话而逐渐耗尽。今天,一定数量的参与和销售线索的培养都可以同时进行。无论是针对20人还是2万人,制作视频的成本是固定的。拥有媒体不仅能让企业赢得受众群体,在这个注意力变得越来越稀缺,也因此变得越来越有价值的时代,拥有媒体也是具有商业意义的。

传统购买漏斗模型不包含用于衡量受众群体增长的机制。整个模型只是基于这样一个事实,即从大量的受众人数开始,然后这个人数逐渐缩小。

"数字销售漏斗"则反映了漏斗中间层参与部分的新范式。在理想的状况下，企业一旦获得了潜在客户的关注，它就成为企业永远不想失去的一份资产。既然企业可以利用它所创造的媒体内容来吸引、培养和保持它已获得的注意力，为何还要花钱再次去吸引客户的注意力呢？漏斗的中间部分成为最大的部分，因为拥有媒体渠道为企业提供了以成本效益的方式，去持续吸引大量潜在客户的机会。

事实上，与传统的购买漏斗不同，数字销售漏斗可以让企业衡量自己所受到的关注程度。在一个注意力变得越来越宝贵的时代，这一点很重要。例如，如果一家公司的目标市场是 100 万潜在客户，当它已经拥有了 20 万的参与受众群，那就表示它拥有了潜在市场关注量的 20%。

经常与潜在客户群体保持互动，意味着当这一群体的潜在客户准备购买时，该企业肯定会成为他们的考虑对象。

此外，通过这种互动，企业将建立起它们与潜在客户之间的信誉和信任。如果企业网站制作的某些内容能获得潜在客户的喜爱，就算没有十足的把握，企业赢得业务的机会还是很大的。

媒体运作的方式是先建立起受众群，然后再尽力将其留住。从 Netflix 到英国广播公司，从金融时报（*Financial Times*）到华盛顿邮报（*Washington Post*），所有媒体公司的目标都是相同的。

如今，企业都拥有自己的媒体渠道，这为它们提供了一种运作方式，即通过以往不可能达到的规模吸引和培育潜在的客户。传统的消费者购买漏斗已经不能提供反映这一现实的模型和运作机制。这就是现在需要"数字销售漏斗"的原因。

错觉二十四

开发内容营销花费太多的时间和金钱

错觉二十四
开发内容营销花费太多的时间和金钱

内容营销不是什么新鲜事物。早在 1885 年,制造业公司的约翰迪尔(John Deere)就推出一本名为《耕耘》(The Furrow)的杂志,专为农户们提供农业信息。通过提供专家意见,约翰迪尔在他的受众群中建立起了信任与信誉。

1900 年,米其林轮胎公司的创始人安德烈·米其林和爱德华·米其林兄弟出版了他们的第一本米其林指南。他们相信,为驾车者提供去哪里可以找到最好的食宿的信息,可以鼓励车主多开车,也因此能更多地用上他们生产的轮胎。

这两个内容营销例子的共同点在于,它们都为受众们提供了互为关联的价值。第一次有文字记载"内容营销"这一术语的使用是在 1996 年,由约翰·欧佩达尔(John Oppedahl)首次使用在正式的文本中。当时,他在美国报业编辑协会(American Society for Newspaper Editors)主持一场圆桌讨论会,主题是如何通过内容的功效,更有力地推销报纸。其中,如何为读者提供内容价值是讨论的一个重点。

在那之后,万维网步入成熟期,社交平台变得无处不在。其结果是,尽管向受众提供内容价值的要求没有改变,但内容营销的性质已经不同了。

对过去几代人而言,与企业决定通过直邮广告、广播或电视广告的做法一样,内容营销是进入市场的一种途径。今天,内容营销不再仅仅是一种策略,而是我们生活时代的产物。在数字时代,每一家企业就是一家媒体机构,因为每家企业都拥有自己的媒体渠道。随着数字媒体成为购买旅程中越来越重要的一部分,大多数企业已经离不开内容营销。

电视台只是一种基础设施，是一套拥有广播许可证的电缆线。让电视频道引人注目的是电视台选择播出的内容。同样，网站只是万维网上一个无生命的空间。一个 YouTube 频道只是世界最大的视频网站上一个无生命的空间，一个 Facebook 页面或 Instagram 账户也只是全球两个最大的社交网站上一个无生命的空间。就像电视频道一样，让这些平台引人注目的，是企业选择投放在网站上的有价值的内容。

将自己的网站或社交媒体平台闲置数周甚至数月的企业不在少数，它们不对网站做内容或信息的更新。就这样，它们居然还会感到奇怪，不明白这些数字频道为什么对企业没有发挥什么作用。

内容是媒体的硬通货。如果不能提供源源不断的有价值的内容，这些数字渠道将永远不可能发挥它们真正的作用。问题是，许多企业认为为网站准备足够的内容需要花费太多的时间和金钱，因此是一项难以做到的工作。事实并非如此。关键是要明白，今天，每家企业同时也是一个媒体企业，要有媒体机构那样的思维方式。

要在有限的时间内使用有限的资金推出大批量的内容，第一步就是做好计划。这里推荐一个有趣的办法。先去买一份日报，把报纸上那些有可能是好几天以前所写的内容都撕掉。然后，你可能会惊讶地发现，报纸所剩的部分是如此之少。虽然报纸前几页的新闻故事和后几页的体育赛事，明显发生在过去 24 小时之内，但报纸上许多其他的内容都是更早之前预先准备好的。

那些关于流行趋势的评论文章，在通常的情况下，是在几个星期前就做好的，可那些观点还是与目前的潮流有关。娱乐版块可以报道某个名人访问某个城市的情况，或者是一部轰动一时的新电影

错觉二十四
开发内容营销花费太多的时间和金钱

上映的盛况,这些都是媒体事先就知道并提前创作完成的。其他栏目,诸如时尚、生活和科技等,虽然也是针对当前的问题,仍然是可以提前几周甚至几个月,而不是在几天前才做的安排。同样,虽然有时企业希望对市场发生的事情做出即时的反应,但大多数与即时事件相关的材料准备工作,都可以提前做好。

为了做到这一点,我建议所有的企业都在日历墙上做一个计划表,把全年重要的日期都做上记号。可以从公共假期和学校假期开始入手,记录与这些假日相关的大型体育赛事,如"超级碗"、奥运会或国际足联世界杯,包括企业服务所在的国家、社区或地区举办的,对于当地可能是非常重要的一些小型体育赛事。

任何与国家或地区有关的重大文化事件,例如英格兰的格拉斯顿伯里音乐节、巴西的里约狂欢节或苏格兰的爱丁堡音乐节,以及那些较为常规举办的盛事,例如美国的奥斯卡或在欧洲举办的欧洲歌唱大赛等,都值得关注。像总统选举或普选这些政治方面的大事也应该填写在日历墙上。另外值得关注的还有某些行业可能会举办的一些重要会议,例如大型的年度研讨会、颁奖晚宴或展览活动等。

制定年度计划有很多好处。首先,它使企业能够清楚什么时候方便发布什么信息内容,什么时候不适合发布什么信息内容。制定计划也有助于针对特定场合提前准备好材料。例如,企业可能会决定在其行业研讨会之前发布一些市场研究报告,因为这是最有可能获得曝光和被人们议论的时机。

其次,年度计划还可以通过使用一种名为"关联性结合"(Combined Relevance)的办法来帮助创建让受众感兴趣的内容。这种方法涉及,将某些企业的受众可能感兴趣的内容与企业想要谈论的产品、服务或主题相结合。

例如，一个非常受欢迎的电视节目——《英国偶像》（X Factor），在周末吸引了1000万观众，那么很可能企业的一些受众也正在收看这一节目。如果有一家企业，比方说某家传播咨询公司，可以将《英国偶像》与它想吸引的受众的某个话题相结合，这个话题自然就会变得更具有吸引力了。比如，"《英国偶像》让您学到了哪些有关营销的知识"之类的问题，很可能会吸引人们去点击进入。年度计划表上的那些活动很可能蕴含着各种机会，可以根据它们之间存在的关联性加以综合利用。

最后，当完成日历墙计划表后，企业就可以开始制定全年的内容营销方案。为了让企业能够以最少的时间和成本开发出尽可能多的材料内容，制作日历墙计划表是必不可少的。

在制作电视连续剧时，没有哪家电影公司会把演员和工作人员聚集在一起来制作一集节目。想象一下，从周一拍摄到周四，周五和周六进行节目编辑，周日播放节目，能做得到吗？同时再假设一下，所有的人，无论他们住在世界上的哪个地方，都要回家过周末。到下周一，每个人再度返回，拍摄第二集电视连续剧。

显然，这样的拍摄方式不仅耗资巨大而且效率低下。一连数周雇用所有演员和制作团队，让他们从世界各地赶来，这样做太不可思议了。此外，假如其中的一位主角在工作日生病了，眼看周日就要到来，电视剧的下一集就无法完成。电视台将不得不向期待中的观众宣布，它将播放一个替代节目，因为本周的这一集电视剧由于某人的生病而无法制作完成。

虽然这种做法看似荒谬，但这就是许多企业制作内容营销的方式。当它们做出每周一发布一篇博客的决定后，经常在快到周一或已经到了周一的当天，才仓促地写出稿件。

而随时都可能冒出的紧急工作总是让人分心和心烦意乱，周三

错觉二十四
开发内容营销花费太多的时间和金钱

已经过去了,仍然没有看到新的博客帖子。写作的劲头,在不经意中已经淡去;数周过去了,网站或社交平台上依旧没见新的内容被上传。

像所有的媒体公司一样,企业如果想要提高效率,必须批量制作内容。与其一周写一次博客,不如一个月花半天的功夫,一口气写完三四篇博客。这样,接下来的几周就可以从容不迫了。

视频材料也至关重要。在2017年,视频的网络流量就占所有网络流量的75%。许多企业认为,视频制作,无论数量多少,成本都过于昂贵。其实,如果企业专门雇用某个摄制组来制作一两个视频,那么成本当然会很高——关键是要批量制作。

企业可以租下一家酒店的会议室一天。安排4名工作人员,每人制作三个两分钟长度的视频博客。这样可能需要一直做到吃午餐的时间。下午可以邀请4位不同的嘉宾进行采访,他们分别为该行业和学科方面的专家以及一些有兴趣的客户或有影响力的第三方。访谈节目的主题应该是有计划的,每个主题都要包含几个问答环节,访谈时长仅需2~5分钟。通过这种方式,每位嘉宾可以录制6个简短的访谈。因此,通过一天的拍摄,企业就可以完成30~40个独立的视频。如果一周只上传一个视频,那么,一天拍摄下来的素材,就足够企业使用半年多之久。

另外,企业不仅可以转录这些视频,还可以请一位文案撰稿人将每个视频改写成一篇文章,将其变成播客的形式供人们阅读。因此,只需要拍摄一天的时间,企业就能拥有大量的素材。

通过利用日历墙计划表,提前计划好内容,并批量生产,企业可以在最短的时间内以极小的预算创建相关的内容营销。在每家企业都拥有媒体渠道的时代,只有像媒体公司一样去策划,这一切才能得以完成。

错觉二十五

社交媒体不过是营销的一些替代渠道而已

错觉二十五
社交媒体不过是营销的一些替代渠道而已

15世纪，约翰·古腾堡（Johannes Gutenberg）设计了第一台印刷机，通过机械原理将油墨从可移动的铅字模表面转移到纸张表面，他创造了一项真正的技术性变革。

古腾堡的印刷机开启了信息普及化的进程。知识不再集中在精英手中，而是可以广泛传播。没有印刷术，宗教改革和文艺复兴都不会发生。换句话说，古腾堡的发明改变了世界。

当然，此后还有其他各种技术革新。虽然电影、广播和电视的重要性不可估量，但它们确实还是由印刷术开创的进步的延伸。这些媒体使信息传播得更快，也更容易被获得。可以说，万维网到达了印刷术所开创的事业的顶峰。我们现在几乎可以全天候地获取我们需要的所有信息。这本身就意义重大。网络正在以一种独特的方式改变着世界，而这种方式与许多世纪以前印刷业的影响极为相似。

古腾堡的印刷机开启了知识普及化的旅程，而万维网则完成了知识传播的普及化。虽然印刷术、电影、广播和电视使信息比以往任何时候都传播得更快更远，但是，这些内容的传播仍然受制于媒体企业。如果没有出版商、电影制片厂、唱片公司或电视网络等的资助，人们就无法发出自己的声音。

万维网使个人和企业能够通过网站或博客等方式，拥有自己的发声渠道。对于大多数人来说，拥有自己的媒体渠道最简单的方法是利用网络催生的社交平台，如Facebook、Instagram、Twitter或LinkedIn这一类的网络平台。

这些平台赋予人们以力量。人们的思想和观念不再局限于让少数朋友和同事所了解。大众现在有自己的发声渠道，也乐意使用这一渠道。今天，从个人到小微企业，从非营利组织到大型公司，每个人都可以通过自己的渠道直接接触到受众。对于生活在万维网诞生之前的人们来说，这是一种全新的模式；而现在的这几代人，成长在一个始终拥有自己发声渠道的时代，他们对此已经习以为常了。

现在，有太多的公司将社交媒体平台仅仅视为进入市场的某些替代渠道。它们没有意识到，社交媒体不仅是一个市场渠道，还代表了人们思考和行为方式的文化转变，并且正在影响着几乎所有的市场领域。

过去，我们通过听电台DJ（流行音乐节目主持人）播放一首新歌，或者到一家唱片店里翻找黑胶唱片、磁带或CD来发现音乐。流媒体服务意味着，现在很多音乐的发现来自朋友间分享的播放列表，通过关注朋友和名人，看他们在听什么和推荐什么。换一种说法就是，音乐已经社交化了。如果这种情形仅限于音乐本身，那么它并不会带来如此巨大的变化。毕竟，在某种程度上，音乐一直都是具有社交性的。一直以来，人们会定期到朋友家里去听听音乐、讨论乐队并互相推荐音乐专辑。然而，这种变化现在也正在各种市场发生。

例如，各种众筹网站使得企业家能够与更广泛的公众分享他们的商业想法。企业家向公众展示他们的理念，众人都贡献出少量的资金帮助该项业务得以启动。虽然一直以来，音乐都具有社交性质，但商业融资在以前并非如此。同样，在以前，找工作也并不具有社交性质。但是通过LinkedIn这样的平台，人们现在可以通过分享简历和在网络上发布信息的方式来找到工作。

现在，几乎没有哪个市场部门不受这种商业社交化的影响。在零售业领域，亚马逊和易趣（eBay）为人们提供了广泛的销售渠道，借此向大众市场销售商品。通过让顾客在它们的网站留下评论，可以使得其他人了解产品与卖家的情况。

错觉二十五
社交媒体不过是营销的一些替代渠道而已

在酒店业，爱彼迎让任何人都可以出租房产，让旅行者可以购买一种当地人所提供的消费体验。爱彼迎和猫途鹰（Trip Advisor）等网站都为人们提供了一个让他人可以了解他们的感受和意见的渠道。在交通领域，盖特（Gett）和优步等应用程序可以让乘客给司机打分，以便让其他通勤者作为参考。

类似的例子不胜枚举。例如，在慈善界，像 Just Giving 和 Kiva 这样的网站，让人们能看到有谁在义捐，看到人们所留下的鼓励性评论，以便人们可以选择支持他们认为好的慈善事业。社交媒体已经不仅仅是一个人们通过智能手机进行互动的平台，它更是一种文化的平台。它就是一种思维方式。

这种转变给今天的市场营销带来了多重影响。弗朗西斯·培根有句名言，"知识就是力量"，但现在情况已经改变了。在万维网出现之前，企业必须拥有专业的知识，人们才愿意为此而付费。例如，在过去，只有律师知道如何写雇佣合同，而一般人不会，所以这些人就成为律师事务所的客户。

今天，知识无处不在。如果有人需要一份雇佣合同，他们可以上网下载许多最新的合同范本。仅仅拥有知识已经不足以让企业获得客户了。事实上，在数字时代，想通过保护知识，靠这样来收费的企业，可能已经没有了。

现在，为客户提供在线范本，向客户详细说明如何根据他们的业务使用所下载的合同，这样的律师事务所才会吸引到客户。这些网站的材料有助于提升访问该律师事务所网站的流量，吸引更多人的关注。为客户提供这些资料的下载，也显示了该律师事务所的专业知识能力。通过这种方式，律师事务所赢得了它的信誉和潜在客户的信任。当然，难免会有一些人利用网上现成的知识自己搞定合同。这并没有关系。毕竟，还是会有更多的人，在经过一些调研之后，更愿意聘请专家来为他们做这项工作的。

换句话说,今天的人们可以不再为知识而付费,但他们会为如何将知识应用于他们的特殊需求而付费。因此,知识不再是力量,知识共享才是力量。只有通过分享知识,一家企业才能展示自己的专长,并吸引到潜在客户。

美国商人约翰·沃纳梅克(John Wanamaker)有句名言:"客户就是国王。"但是,社交媒体,以及随之而来的商务社交化,意味着在今天,客户不再是国王——他们成为你的伙伴。在消费者拥有媒体渠道的时代,企业需要让客户参与进来。人们不愿只做个旁观者,他们想成为参与者。

顾客参与可以通过让他们写评论来分享他们的体验,或者通过提供评级系统来进行,例如亚马逊五颗星的评价体系。这样,顾客就可以表达他们的满意程度。顾客参与还包括为客户提供一个为企业出点子的渠道。"我的星巴克创意"是咖啡公司使消费者能够提出有关新产品或改进意见的一种做法。当乐事(Lay's)公司发起"乐味一番"(Do Us a Flavour)的营销活动时,它采取了鼓励顾客与公司"共同创造"薯片新口味的创意做法。

无论以何种方式,企业现在都必须以一种在数字通信时代之前想象不到的方式与潜在客户和消费者进行互动。无论是在企业对企业(B2B)还是企业对消费者(B2C)的模式中,在这个权力由顾客赋予的时代都没有区别。企业必须开放,变得更加透明。它们必须做好让出部分主导权的准备,愿意与市场进行更多的对话与交流。换句话说,商业本身已经变得更加社交化了。

这样做会对潜在客户的开发流程产生影响。公司的潜在客户目标不再仅仅局限于发展新客户,发展新客户的做法本身也就是营销的一种渠道。在数字媒体出现之前,企业的做法截然不同。企业有

错觉二十五
社交媒体不过是营销的一些替代渠道而已

自己想要接近的受众群,然后会利用诸如电视、广播、杂志、报纸、直邮广告等渠道来接近这个受众群。虽然企业可以通过已有客户的分别引荐,但是,仅仅依靠口口相传是难以形成规模的。

如今,这种情况已经发生了改变。现在,每个人都拥有自己的媒体渠道,社交分享成为信息传播的主要方式。

今天,创造有价值的营销内容的企业,可以建立起一个具有相当规模的、包括潜在客户和原有客户的受众群体。这个群体很可能会与家人、朋友和同事分享其中的一些内容。当然,当一个人分享某个视频时,他也许不会用直接的方式,建议同事考虑使用该企业的产品或服务,但是,分享视频本身就是一种隐性的支持。

人们通常愿意与自己喜欢的人交往。无论是妈妈、首席执行官、足球爱好者、招聘人员还是在金融服务行业工作的人,每个人都可能在自己认同的群体中拥有一个朋友圈。当企业现有的潜在客户群和已有的客户群与他们的圈内人分享内容时,这就是一个真正有效的渠道,企业可以通过这一渠道吸引到新的人群。因此,企业的现有客户和潜在客户本身就是一个值得开发的重要营销渠道。

社会认同是一种对他人所说和所做的认同,它是对人类行为影响最大的因素之一。在社交圈分享内容是一种社会认同的形式;但是,这种善用社交圈的重要作用还不止于此。

在数字通信时代之前,要获得社会认同并不是那么容易。以前,我们只能看到我们的朋友使用一些产品和服务。当然了,人们也会相互征求意见和建议。但是现在,随着网络交流,尤其是社交媒体的普及,越来越多的决定是在综合考虑了人们的社交网络和朋友圈的看法后做出的。这是因为,随着社交平台和移动技术的发展,提供和获取各方面的观点变得越来越容易。在一个我们面临如此多选择的时代,使用社会认同来过滤我们的选择,然后再做出决定,是理所当然的一件事。

既然是这样的话，企业就应该鼓励客户的参与，从正面的角度去"点赞"和"提到"企业，以便获得尽可能多的社会认同。权力的天平已经改变了。消费者现在有了渠道和途径来评论企业所提供的体验。企业需要鼓励客户尽可能多地为其留下好评。

过去，对企业来说，最重要的是它们所传递的企业形象。企业会花费数以百万计的美元，努力创造出令人难以抗拒的销售信息。消费者却几乎没有任何反馈的机会。现在，通过万维网和社交媒体，客户有了一种表达的渠道，他们几乎每天都可以制造出数以百万计的针对企业的信息。今天，重要的不仅仅是一家企业怎么宣传自己，别人怎样讨论这家企业也同样至关重要。品牌不再只是企业靠自身所塑造的形象，还与企业所赢得的声誉有关。尽管在过去一直是这样，但是，由于拥有了自己的媒体渠道，现在的客户进行观点分享的规模和透明度发生了变化，这种模式也就因此改变了。

社交媒体不仅仅是为企业提供营销的某些替代渠道。正如印刷术促成了社会的根本性变革，万维网所催生的社交媒体也在发挥着同样的作用。企业必须了解信息传播普及化所带来的文化变革，以及这些变化如何改变着客户的各种期望。社交媒体不仅仅是一组社交平台。"社交化"是一种思维方式和一种心态。

错觉二十六

每家企业都需要有一个
"更高的目标"

错觉二十六
每家企业都需要有一个"更高的目标"

米尔顿·弗里德曼（Milton Friedman）在其《资本主义与自由》一书中写道：

企业只有一种社会责任，即在不违反游戏规则的情况下，利用其资源，从事旨在增加其利润的活动；也就是说，在进行公开和自由的竞争中，不欺骗、不造假。

正如安德鲁·埃奇克利夫－约翰逊（Andrew Edgecliffe-Johnson）在《金融时报》的一篇文章中指出的那样，那种关于股东价值至上的学说"已经将盎格鲁－撒克逊的资本主义定义了近50年"。

尽管众多企业的唯一目标只是赚钱和创造利润，但始终还有一些企业会有其"更高的目标"。例如，1976年，出于对环境的关注，安妮塔·罗迪克（Anita Roddick）创办了美体小铺（The Body Shop），所生产的化妆品不通过动物试验的方式，只使用天然成分作为原料。当时，这是一种远非主流的商业行为。尽管这是一种商业上的良心，但罗迪克的动机并非一种纯粹的利他主义，因为她也希望生意可以成功和赚钱。

同样，比尔·盖茨和保罗·艾伦（Paul Allen）于1975年创立微软公司时，他们相信技术能够给人们的生活带来积极的影响。因此，他们对微软的愿景是"让每一个家庭的桌子上都有一台电脑"。当然，通过这一做法，微软也取得了惊人的商业成功。

在21世纪初，要求一家企业拥抱一种更高目标的观点确实占据了商务用语的一大部分。造成这种情况的原因有很多。

随着社会迈入后工业时代，在西方世界以及越来越多的其他国家里，人们的基本需求得到了满足，这就导致人们对自己的购买行为提出了更多的质疑。现在，可持续性、环境和社会不平等等问题，已经成为人们关注的焦点。技术的兴起引发各种领域由此而来的挑战，如数据和隐私等，人工智能和自动化的使用也导致社会面临各种伦理道德的问题，这一切都引发了人们对以前没出现的问题的思考。

互联网带来了有关个人、企业和机构行为的更多信息以及更高的透明度。我们赋予个人和各种实体更多的权力，因为我们已经有能力这样做了。无论是因还是果，人们对政府、企业和媒体的信任度都在下降。当然，导致这种信任度下降还有其他许多因素，例如安然公司（Enron Corporation）的倒闭和2007—2008年的金融危机。这导致了一种怀疑主义的蔓延，而这种怀疑主义反过来又进一步促使人们希望更多地了解自己所选择的企业。

企业在网站拥有媒体渠道，或者在社交平台上拥有页面，比如Facebook、Instagram 和 YouTube 等，就必须制作出让受众群体感兴趣的内容。扩大企业的目标领域范围，可以让企业创造出比仅仅谈论其核心产品或服务更具有吸引力的材料内容。

无处不在的选择，最终导致了众多产品与服务的商品化。在希望赢得客户和吸引员工方面能获得竞争优势的过程中，许多企业都将企业宗旨作为一种赋予品牌意义的方式。

虽然"更高的目标"可以被定义为一种为了超越赚钱而存在的理想，但这并不一定与米尔顿·弗里德曼的观点相冲突。正如以上所强调的那样，在当今的商业环境下，企业拥有一种宗旨会比没有宗旨更有机会取得更大的商业成功。

确实有一些很好的例子可以说明这一点。例如，天真饮料（Innocent

错觉二十六
每家企业都需要有一个"更高的目标"

Drinks，英国果汁巨头)"帮助人们活得更好，活得更老"的宗旨，告诉人们天真饮料追求的是一种超越赚钱的宗旨，它直接告诉人们它所追求的核心价值主张。事实上，天真饮料之所以取名为天真饮料，是因为它的产品是 100% 由水果和蔬菜制作而成的。

同样，多芬的"真美运动"，是号召消费者一起抵制经过美颜粉饰的所谓的"完美"女性。该活动不仅让品牌重新焕发了生机，也使追求真美这种宗旨以实实在在的方式，成为它的营销传播核心的一个使命。这种理念获得了众多来自思想界和教育界倡议者们的支持。

毫无疑问，当一家企业拥有一种真正信奉的宗旨，并且这个宗旨与它提供的产品或服务直接相关时，它可以形成一个非常有效的机制，使品牌变得更富有意义，与产品更息息相关、更受欢迎，进而更有利可图。但是，现在的问题是，"宗旨"不是被视为一种有用的机制（当符合上述标准时，企业就能取得成功），而是被许多人视为对成功的一种绝对要求。这根本不是那么一回事。

我与许多成功的企业有过合作，当我问及这些企业的领导者，在赚钱以外还有什么更高的目标时，他们都无法给出答案。如果"一个更高的目标"是成功的一种绝对必要条件，那么很简单，这些企业只是做了为客户服务、雇佣员工的事，就不应该同时还能赚钱。然而，事实是，现在一些没有宗旨的企业同样取得了成功，并且生意欣欣向荣。

所谓企业需要有更高目标的想法，会有许多的局限性，当然，在一开始时，创始人可以带着某种宗旨来创办企业，但小企业是不需要什么宗旨的。世界上有数以百万计成功的企业，它们的成功取决于企业的所有者或其合作伙伴。这些企业没有品牌，依靠的是企业背后的那些领导者。成功是由人际关系、客户满意度以及个人声誉所驱动的。

人生来就有价值的观念。因此，那些由人际关系驱动的小型企业，并不需要代理人和客户之间有某种表现出来的超越人性的宗旨。从会计师到律师、从园丁到电工、从汽车修理工到水管工，很多成功的小型企业完全没有那种"更高目标"的需要。

只有当一家企业的运作超越了人际关系，只有当目标与品牌变得息息相关时，企业才会认为需要一种宗旨。为了使之成为一种有效的机制，这个宗旨必须是真实的，确实能与企业实际所从事的业务相结合。那种认为无论在什么情况下，品牌都需要有一种宗旨的信念，导致一些企业制定了既不真实，同时与它们的业务无任何关联宗旨的荒谬例子。

例如，当百事试图传递团结、和平与理解的理念时（对于软饮料供应商而言，这并不是一种非做不可的事），它不得不撤回以社会抗议活动为背景的广告，因此，它被指责淡化了一个严肃的问题。同样，当星巴克鼓励它的咖啡师在咖啡杯上写上"种族团结"的标语时（星巴克希望借此在社区内引起关于种族关系的讨论），也遭到了强烈的反对。这些活动看起来并不真实，也不被认为与公司的产品有任何关系。

2009年，西蒙·斯涅克（Simon Sinek）所做的TED演讲，以及同名书《先问，为什么？》（*Start with Why*），让"企业宗旨"这个概念变得更加流行。斯涅克所提出的观点是，人们购买，不是因为你做了什么，而是因为你为什么要做。虽然我相信在某些情况下确实是这样，但这是一种非常笼统的说法，在大多数情况下明显是错误的。

例如，亚马逊的使命是做"地球上最能以客户为中心的企业，在这里，客户可以找到他们想在网上购买的任何商品，并努力为客

错觉二十六
每家企业都需要有一个"更高的目标"

户提供尽可能低的价格"。然而，这并非一种宗旨。这只是亚马逊希望努力实现的目标，也是人们经常光顾它的原因。人们从亚马逊买东西并非因为"它为什么要这么做"，而是因为"它做了什么"。正因如此，亚马逊成为世界上最成功的企业之一。如果立下宗旨是成功的一种绝对的要求，它又怎么可能会成功呢？

即使企业确立了一种宗旨，它也不一定是人们购买的原因。例如，乐高（Lego）的宗旨是"启迪与培养未来的建设者"。如果你在玩具商店的乐高区域拦下客户，问他们为什么买乐高，我相信会有更多的人告诉你，他们的孩子喜欢乐高，他们自己过去也玩乐高，或者说乐高是一项可以让孩子暂时离开屏幕的有趣活动。我怀疑没多少人会回答说，他们想"启迪和培养他们的孩子成为明天的建设者"。

同样，虽然优步宣称其使命是"让世界转动来点燃机遇"，但我不相信优步的客户都会将其作为使用该应用程序的理由。更有可能的解释是，与许多其他选择相比，优步是一种更便宜、更方便的选择。换句话说，人们使用优步不是因为"它为什么要这么做"，而是因为"它做了什么"。

对于大多数企业而言，它们的成功取决于它们向客户所提供的价值主张，以及对它们所针对的特定市场，它们是否能够以具有成本效益的方式让消费者认可、为他们解决难题或者满足了他们的期望。这取决于企业是否具有持续和高效地交付其价值主张的能力，取决于消费者在其竞争对手之间所做出的选择。换句话说，就是取决于"它们做了什么"。

这并非表示，企业宗旨不能作为给企业带来成功的核心因素。当宗旨与企业的产品和服务息息相关时，它就可以为品牌提供意义，使其更具针对性、更受欢迎。这反过来又能为企业带来利润。即使

215

消费者不是冲着某家企业的宗旨去购买产品，它仍然是具有价值的。它可以使企业在传播上更加具有一致性，有助于吸引和激励员工。然而，像有些人所提出的那样，今天的企业要想成功，就必须确立一种宗旨，这种说法是与事实不符的。虽然这种说法很时尚，但显然是不正确的。